佐島群巳・小池俊夫 編著

子どもと教育を愛する教師をめざす

新訂版 教職論

学文社

執　筆　者

佐島　群巳	（東京学芸大学）	まえがき，第1章
小池　俊夫	成　蹊　大　学	序章，第2, 4, 5, 7, 12，終章
田中　浩之	常　葉　大　学	第3章
平山　許江	文京学院大学	第6章
青木　幸子	昭和女子大学	第8章
羽野ゆつ子	大阪成蹊大学	第9章
井手　一雄	佐賀女子短期大学	第10章
三宅　茂夫	神戸女子大学	第11章

（執筆順）

まえがき

　「十年一昔」という言葉は，超高速社会の現代には，もはや通用しなくなっただろうか。

　本書の初版を出してから，ちょうど10年が経った。その間，学校や教師をめぐっては，さまざまなむずかしい問題が生じている。教育は変質しているのだろうか。教師という存在についてはどうだろう。私たちは，教育の本質は不変だと考えている。

　みなさんは，「教職とは何か」と問われたら，どう答えるだろうか。

　教師は，「教える」ことも「学ぶこと」も大切である。教師には，子どもたちに向き合い，力と心を尽くすときの責任とその役割が課せられ，期待されているからである。

　その教育は，教師一人の力で，職責を全うすることはできないものだ。

　まずは，学校という空間で，学級という学びの場で，子どもの興味・関心のある教材づくりをしたり，子どもたちの活動をつぶさに観察しつつ，即時評価もしたりして「魅力ある授業」をつくっていかなければならない。そのためにも，授業やさまざまな活動に集中し，熱中・協力し合える「学習雰囲気＝学習風土」をつくっていくことが大切である。これは時代を超えて変わらない。

　新任の教師であるならば，先輩の先生の「子どもとのかかわり方」「作品の評価，掲示の仕方」「授業の進め方」「教材づくり」など学級づくり，授業づくりの技法をよく観て，まねて「実践に生かしていく」ことである。

　「法隆寺の宮大工」西岡常一さんは，「技術は教えることでなく自ら見て技を盗むものだ」と弟子たちに教えていた[1]。

　その法隆寺が，1300年以上も前に建てられた，世界最古の木造建築物群である。なかでも五重塔は，その真ん中を貫く心柱によって，地震でも倒れることもなく今日に至っている。その建築の知恵・こころは，何と東京スカイツリーの建設に継承されているのである。「技を盗む」ということは，単純に盗み見をしてまねするようなものではなく，重いのである。

　(1)　西岡常一・小原二郎（1978）『法隆寺を支えた木』NHKブックス　日本放送出版社

まさに，若い教師は，先輩の学級づくり，授業づくり，叱り方，ほめ方等を見てまねて，学ぶことが重要である。これは子どもに求める学びの基本でもある。
　教育学者の佐藤学さんは，教職を全うするためには，教師としての力量（コンピテンス）を身につける必要があると，次のように述べている[(2)]。

> ●職人としての教師の世界は「熟達した技術」「経験」「勘やコツ」によって構成されるものを「模倣」と「修練」によって学ぶことである。
> ●専門家としての教師の世界は，「科学的専門的知識」「技術」「反省的思考と創造的探究」によって構成されるものを「省察」と「研究」によって学ぶことである。

　この二つをあげながら，教師には，この両者を融合した「教師遂行能力」を身につけていくべきである，とも述べている。
　教職とは，教師に与えられた教育力，人間力を絶えまなく磨き，あらゆる教育の場（空間）において，子どもたちと向き合い，子どもの自己実現を可能にする責任と役割を果たすことである，と考える。
　本書で学ぶ「教職論」は，今，教師に求められている究極の力としての専門性を高め，実践的指導力を啓発することを意図して上梓したものである。その教師の力量は，「授業づくり」「日々の子どもとのかかわり方」など実践的指導に反映されるものである。

　新訂版『教職論』の刊行にあたり，執筆いただいた諸氏に御礼申し上げる次第であります。また，学文社の二村和樹氏には，細かな，終始温かいご配慮をいただいたことに対し，心からの感謝の意を表します。
　2016年2月

佐島　群巳

---

(2) 佐藤学（2009）『教師花伝書―専門家として成長するために―』小学館　pp.14〜17

目　次

　　まえがき　i

序　章　心を尽くしてよい教育に努める教師となること　……………　1
　　1　あなたが「教師への扉を開く」ために，「教師の道を深める」ために　1
　　2　あらゆる営みには「光と影」がある　2

第1章　子どもたちに向かい合う教師への扉を開く　……………　3
　　1　「先生になった」子どもに伝えることば　3
　　2　生徒と教師との関係　4
　　3　その子その子の「よさ」を引き出す名手　6
　　4　人間は経験をとおして「自らを変え」「社会を変える」　7

第2章　教師という仕事 ―子どもの好きな先生―　……………　10
　　1　教職志望学生の「思い出に残る先生」―恩師―　10
　　2　教師の生活　12
　　3　小・中・高校生にとっての「先生」という存在　14
　　4　国民が望む教師とは　15
　　5　「普通の教師」であること　18

第3章　子どもの見方・とらえ方　……………　20
　　1　学校教育の今日的な問題点　20
　　2　子どもへのかかわり　24

第4章　教師養成政策の変化と「専門職」としての教師　……………　34
　　1　戦前の教員養成制度の理念　34
　　2　戦後の教員養成制度の理念　35
　　3　現在の教員養成制度の内容　37
　　4　近年の教員養成に関する制度改革とこれから　41

第5章　学級経営と教師の力　……………　46
　　1　学級という「空間」―居間と居場所―　47
　　2　学級経営の意義と実践　48
　　3　一人のために・みんなのために　49
　　4　家庭と地域の教育力　52
　　5　ネット時代でも「学級通信」　53
　　6　1年間の財産づくりになるように　55

第 6 章　就学前の教育 …………………………………… **57**

1　就学前の教育機関　57
2　就学前の教育の原理　58
3　幼児期の特性と保育　59
4　環境による教育　60
5　遊びを通した総合的指導　62
6　一人ひとりの発達の特性に応じる　64
7　小学校との連携　65
8　就学前教師に求められる資質　66

第 7 章　豊かなカリキュラムを創る教師 ………………… **68**

1　カリキュラムを創る　68
2　カリキュラム・マネジメント　70
3　ヒドゥン・カリキュラムというカリキュラム　72
4　これからのカリキュラム創り ―三つのテーマ―　73

第 8 章　授業の見方・とらえ方とつくり方 ……………… **78**

1　「授業」は生徒が主人公　78
2　ある日の授業風景から　79
3　授業デザイン　80

第 9 章　教師のメンタルヘルス ―実践への誘い― …… **91**

1　教師の心の危機　91
2　教師が「学校を辞めたい」と思うとき　91
3　「辞めたい」気持ちにどう向き合うのか　93
4　教室の危機にどう向き合うか　96
5　実践としての教師のメンタルヘルス
　　　―リフレクション，ケアリング，プロジェクション―　100

第 10 章　今，教師に求められること …………………… **103**

1　いつの時代にも求められる資質能力　104
2　今後とくに求められる具体的資質能力　107
3　今，教師に求められること―学び続ける教員像の確立―　110

第 11 章　教えること学ぶこと ―自己研修― ………… **113**

1　教師の果たすべき役割　113
2　大村はま　114　　3　吉川英治　117　　4　宮澤賢治　119
5　宮城まり子　122

6　教師自らが育っていくために　　126

第12章　教員採用に向けて，今必要なこと　………………………　**129**
　　1　教師になる　　129
　　2　公立学校の教員への道　　130
　　3　私立学校の教員への道　　134
　　4　学校，教壇でのイメージを描いて　　136

終　章　人間の喜び・悲しみに共感できる教師 —教育の愛を求めて— …　**137**
　　1　高度な専門職としての教師　　137
　　2　グローバルにみた日本の学校と教師　　138
　　3　火中の栗を拾いに行こう　　139
　　4　教師は「四月の雨」でいい　　139

〔資料〕関連法規　………………………………………………………　**142**
　　1　教育基本法　　2　学校教育法（抄）　　3　学校保健安全法（抄）
　　4　教育職員免許法（抄）　　5　教育公務員特例法（抄）
　　6　地方教育行政の組織及び運営に関する法律（抄）

索　引　…………………………………………………………………　**152**

序章
心を尽くしてよい教育に努める教師となること

1　あなたが「教師への扉を開く」ために，「教師の道を深める」ために

　まずは，大学などで教職課程を履修する学生のみなさんへ。1998（平成10）年の「教育職員免許法」改正によって，教職に関する必修科目として「教職の意義等に関する科目」（2単位）が設けられた（「教職論」「教職概論」「教職研究」などの名称が用いられている）。本書はそれらの科目のテキストとして，あるいは参考書として活用し，学修の目標を達成していただきたい。90分の授業を受ければ済むものではない。準備学習をして臨み，振り返りによって確実なものとするとともに，テーマの探究を深めなければならない。そうしたとき，本書を傍らに置いてほしい。参考文献の紹介にも意を用いている。

　いっぽう，教師としての生活を何年か積み重ね，ある程度の自信をもちながらも，新たなむずかしい課題に直面し，不安を感じはじめた現職の方々にも本書は有益である。教師は，生涯にわたって学び続ける特性をもつ職業だが，学びには完結はない。また，教職課程で学んだ理論・知識を，現場の実践を通して検証し，新たな発見もしなければならない。本書は，その手がかりを提供できるようにも留意した。教師をめざす人にとっても，教師に人生をかけている人にとっても，「本当によい教育とは，教師とは」は，絶えず自分に問う永遠のテーマである。その際，重要なことは「原理と初志」にこだわることである。

　本書の執筆者は，すべて現場を熟知し，今は大学の教職課程で，学生という現実と向き合っている。大風呂敷を広げたり，机上の空理に酔いしれたりすることなく，地に足をつけた「現場主義」に徹し，そのうえで教育の理想を語ろうと努めている。

2　あらゆる営みには「光と影」がある

　人間も世界も，知識も相対的なものである。「完璧」「絶対」などは，求めたとしても実際にはあり得ない。教育や教師においてもまったく同様である。教師の仕事は「すばらしく・やりがいがある」ものであるが，そのように光り輝くだけではない。「辛く・困難な」，重い影に覆われることもある。「どちらを選ぶか」という二者択一論は正しくない。強烈な光が当たれば，濃い影が生じるのは自然の原理である。このことを十分に理解してほしい。

　本書を読まれるときも，無条件で受容してしまわず，常に疑問をもち，別の見方・考え方はないのかを探り，自らの問いを追究してほしい。そのうえで，共感し納得することから，自分の考えが創られていく。読書しただけでは，他人の頭を借りているにすぎない。自分の頭にしていくためには，丹念な努力が必要である。

　ICTの時代である。電子図書，電子黒板が普及し，タブレット端末を操作する教室風景も珍しくなくなっていく。情報の入手も簡便なものに頼ることが多くなり，ともすればバーチャルで安易な方法に走りやすい。しかしこれも光だけではない。時代を超えて，ペリパトス（逍遙，散歩，歩廊）を巡りつつ対話を交わし，熟考することは，学びの原景にほかならない。本書は，その初めの一冊としていただきたい。

第1章 子どもたちに向かい合う教師への扉を開く

1 「先生になった」子どもに伝えることば

　一冊の本，黒川昭登『子どもの声を聴く―傷つく心』[1]に心が開かれた。この本の冒頭には，次のことが述べられている。

> 私は親に対して，子どもに「やさしくせよ」と言っています。しかし，たいてい「できない」ということが多いのです。それは，親自身がやさしく育てられなかったからです。そこで，この『母親性の欠如』を解消するため，私は，親に「自分にやさしくなることです」と言います。

　このことばは，そのまま，教師に語っていることであり，このことばをかみしめて，子どもたちに対応することである，ということを実感したわけである。

(1) 黒川昭登（2005）『子どもの心の声を聴く：傷つく心』朱鷺書房

黒川は，母親の愛情を子どもに伝えることができたとき，さまざまなつまずき，学習の困難感，心の痛み・悩みを克服される事例を体験的に実感的に認識している，というのである。さらに，親は，「自分にやさしくなる四つの条件」をもつべきであることを黒川はあげている。

　　一　毎日楽しい
　　二　毎日明るい
　　三　いつもやさしい
　　四　精神的な強さ

　この四つは，人間を育てるときの基本である。

　教師になって問われることは，黒川のいうような母親に類似する「人間愛」の溢れるまなざしでふるまうことである。教師は，同時に，父親のような厳しい愛による「社会的価値」を伝えることだ。「これはよいことだ」「このような人に迷惑をかけるなよ」と価値基準を伝える力を失ってはならない。

　教師には，親以上の「人間愛」にもとづいた「教師固有の人間性にうらうちされた豊かな感性と知性」を生かして，その子，その子に対応した指導配慮が必要である。子どもには，その子，その子の「よさ」「素敵な人柄・個性」があるからである。

2　生徒と教師との関係

　生徒と教師との関係性についてOECDは，次のような質問紙を用いて調査を行っている[2]。直接，教師への信頼感にかかわる調査ではないが，生徒と教師との関係を把握することに有効なものといえよう。

　生徒質問紙は，生徒に「あなたの学校の先生について，どのように思っていますか」と尋ねる。以下に示す五つの質問項目のそれぞれについて「まったくそうだと思う」「そうだと思う」「そうは思わない」「まったくそうは思わない」

---

(2)　国立教育政策研究所（2013）『生きるための知識と技能』明石書店　pp.300-302

表 1.1 生徒と教師との関係（2012年調べ）

(単位：％)

	「そうだと思う」あるいは「まったくそうだと思う」と回答した生徒の割合				
	生徒はたいていの先生とうまくやっている	多くの先生は,生徒が満足しているかについて関心がある	たいていの先生は,こちらから言うべきことをちゃんと聞いている	助けが必要なとき,先生が助けてくれる	たいていの先生は,私を公平に扱ってくれる
日　本	79.9	58.8	73.0	81.5	79.3
オーストラリア	84.1	87.3	79.5	89.5	86.8
カナダ	85.5	86.1	80.7	91.8	89.8
フィンランド	79.6	73.0	73.8	83.6	83.4
フランス	78.0	70.0	72.2	81.9	69.1
ドイツ	76.3	66.9	66.6	66.3	75.6
アイルランド	82.2	83.9	73.3	83.8	86.7
イタリア	74.9	71.4	69.5	70.7	81.4
韓　国	89.9	71.9	68.8	89.0	79.8
ニュージーランド	84.1	85.1	78.1	88.5	87.6
イギリス	84.7	86.5	76.0	90.9	85.8
アメリカ	82.6	86.1	78.3	89.9	89.7
オランダ	83.5	78.3	74.1	82.8	85.5
OECD平均（29か国）	82.3	76.8	74.5	81.5	80.8
香　港	92.4	78.9	70.5	91.3	82.7
台　湾	89.2	83.5	62.0	81.4	80.9
シンガポール	92.5	91.7	82.9	93.1	88.8
上　海	93.2	91.2	80.7	93.5	90.3

注）OECD加盟29か国の平均値である。

の四つの選択肢のなかから一つ選んだ結果は，表1.1のとおりである。

　表1.1が示すように，日本は生徒と教師との関係の「助けが必要なときは，先生が助けてくれる(81.5％)」以外は，すべてOECD平均値を下まわっている。これは，どのような生活・学習場面を想定した反応であろうか。いずれにしても，学習の困難なとき，「やさしく手をさしのべ援助してくれている」ということを

示唆したものであろう。

しかし、これ以外の四つの項目は、OECDの平均値より低い。この結果からまったく生徒と教師との関係性が欠落・衰退しているとはいえない。むしろ、生徒と教師との関係は、「先生とうまくやっている（79.9％）」「先生はこちらの言うべきことをちゃんと聞いている（73.0）」「先生は必要なとき助けてくれる（81.5）」「先生は公平に扱っている（79.3）」というように、良好な関係にあるのである。

この調査結果から教師をめざすみなさんは、現実の教育、学習、生活の場面で日々子どもたちにどう向き合い、かかわり合い、子どもの願いにどう応えていったらよいか考え行動していくことが肝要であると考える。

3　その子その子の「よさ」を引き出す名手

これまで、子どもや親・社会から信頼が得られるには、どうしたらよいか、について述べてきた。繰り返し強調しておきたい。

教師は、学校においても、社会においても存在感をもって、自信をもって、対応する「意欲・意志・信念」をもって行動していかなければならない。いわゆる存在感のある「人間教師」をめざす努力を続けていくことが大切である。

同時に、教師は、向き合っている子どもたちへの豊かな思いやり、やさしさをもって「かかわりをもつ」ことである。

それは、どのような思いで、子どもたちに「かかわっていったらよいだろうか」という問いに、真剣に向き合っていくことである。

子どもには、その子その子の本来的な個性というものがある。個性とは、他人に代替できないものである。その子のもっている「すばらしい感性や知性」があるはずである。あるいは、その子の「長所・短所」がある。また、「積極性や消極性が混在している」場合もある。消極的な子といっても、やりはじめるまで「ぐずぐずしている子」と見てはならない。消極的な行動の背景を見抜く

眼力が教師には必要である。その消極的な子は、問題解決に取り組むまで、「なんのために」「何を」「どのように」追求していったらよいか、慎重に計画をたて、探求の方法、結果まで予測している場合があるからだ。この子は、始めたら「意外にも手際よく作業が進行する」ものである。子どもを表面的に、一面的に見ては、折角のその子その子の「よさ」を見つけ、引き伸していくことはできないからである。

教育は、「子どものよさ」を引き出す役割を担っている。

すなわち、「教育」ということばは、「教える」ことと「育てる」ことを表すことばが結合した概念である。

「教える」ということは、子どもをよく見て、知ることから始まる。子どもは、何に興味・関心を示すか、どのような場面で学習のつまずきがあるか、学習への拒否反応を示すか、仲間と上手(じょうず)にグループワークができるか、うまくグループワークができない要因は何か、「いじめ」や「社会的不適応」の傾向はどうかなど、その子その子に真剣に向き合って、その子の学習や生活の実態を診断して適切な指導配慮をすることが大切である。

教師には、子どもの学びの姿や学びのスタイル、意欲、興味・関心、経験の豊かさなどを総合的にとらえる力量が必要である。いいかえるならば、その子その子の全体像としての人間性（パーソナリティ）をとらえることである。すなわち、その子その子の身体的、感情的、思考精神的側面から、その子らの「人間らしさ」「よさ」「潜在的能力・資質」を見つめることである。教師は、子どもに寄り添い、その子の「よさ」をとらえる名手になることだ。このような子ども理解のよさを生かす教育法を「ホリステック教育」[3]という。

4　人間は経験をとおして「自らを変え」「社会を変える」

1800年代フランスの森で発見された「アヴェロンの野生児」[4]にしても、「イ

---

(3)　ホリステック教育研究会編（1995）『ホリステック教育入門』柏樹社
(4)　イタール／古武弥正訳（1952）『アヴェロンの野生児』牧書店

ンドの森で発見されたアマラ・カマラ⁽⁵⁾」にしても，人間の社会環境・教育環境で育てられなかった。その結果，どうなっただろうか。

カマラの場合は，シング夫人の愛情溢れる心くばり，心づかいを受けながらも完全な人間になれなかったのである。発見されたのは，9歳のころである。9年間の養育を受けながらベンガル語45語，また，伝え歩きに3年間，二足歩行ができるには5年間かかった。たしかに，「成熟・発達していないから」という論理も成り立つが，人間の母親から育てられた子どもの場合はどうだろうか。

乳児の発達において「三大革命」という用語がある。

第一の革命は，「離乳」である。母乳から離れて「人間的食文化との出会い」が5，6ヵ月から始まる。第二は，「発語」といってコミュニケーションの道具となる「発語」が10ヵ月ごろから始まる。そして，第三は，「二足歩行」というのが1年たらずで始まる。活動の範囲が限りなく広がり，自立の一歩が始まる。このように，人間に育てられて「人間存在」も「人間的知性」の成長も証明されていくのである。

イタールは，アヴェロンの野生児の養育の結論を次のように述べている。

"人間は，教育されなければ，動物以下である"

この命題は，「人間の成長・発達には，人間に教育され，人間的営みと人間関係の豊かな雰囲気のなかで育てられるものである」ことを物語っているのである。

そこで，人間が人間らしくなるための条件は何かについてマズローは，右の五つの人間の基本的条件をあげている⁽⁶⁾。

```
①生理的欲求 ………（個人的欲求）
②安全の欲求       ┐
③所属愛情の欲求   ├…（社会的欲求）
④承認の欲求       ┘
⑤自己実現の欲求 ……（人格的欲求）
```

マズローの人間の基本的条件は，この図式のように，人間の個人的欲

---

(5) シング／中野善達・清水知子訳（1977）『狼に育てられた子―カマラとアマラの養育日記』福村出版
(6) マズロー／小口忠彦監訳（1987）『人間性の心理学』産業能率大学出版部

求（原始的欲求—寝食生殖欲求）から最高の人間性としての健康で心豊かで，知性豊かな人間として，自らを磨き，自らを高めていく人間的営みをとおして「自己実現的人間」へ変容し，自己の価値を実現・達成することである。

　すなわち，人間は，個人的欲求から「自己実現の欲求」へ変容する過程での「社会的欲求」として，他人とかかわり，仲間を大切にし，互いにその人その人の「よさ」を認め合って生きていくという「社会的体験」がなされることを最も大切にしていくことである。

　教師は，限りなく，マズローの人間の基本的条件の図式のように，人間的成長の最高目標である「自己実現」をめざした「教育と研究」に精進することが必要である。

　子どもの成長・発達は，その子その子の「願い・希望・憧れ」というものを実現していくことである。これは，マズローの「自己実現」をめざして，子ども同士の人間関係の調整を図りながら，他者から学び，他者へのやさしさ，思いやりのあるかかわりをとおして，自己変容を図ることである。教育は，多様な経験をとおして「変容」し，そして，他者をも変える働きこそ「学習」というものである。このような経験をとおして，子どもは，潜在的価値の実現を図るのである。

第2章
教師という仕事 ─子どもの好きな先生─

　教職課程のカリキュラムでは,「教職の意義等に関する科目」は, 教職入門科目として, 1年次での履修が中心である。数ヵ月前までは, 高校生として「学ぶ側」にあったのに,「教える側」の立場になって考えることに戸惑いを感じるかもしれない。まずは, これまでお世話になった先生方を思い浮かべてみよう。なぜ教師をめざすのかが, 明確になるのではないだろうか。

　つぎに, 子どもたちは先生をどのように受け止めているのか, 親(保護者)たちをはじめ国民は, どのような教師を求めているのかを検討してみる。詳しくは知られていない, 教師の日常についても調べてみる。それらを通して, ドラマや小説に登場する「フィクションとしての教師」も含めて, 教師という仕事の普遍の本質に近づいていこう。そのなかから, 本当に子どもを愛し,「子どもの好きな先生」となるための手がかりがみえてくるにちがいない。

1　教職志望学生の「思い出に残る先生」　─恩師─

　教師をめざす学生の動機は多様だが, 自分自身の体験として,「学校が好きだった, よい先生たちに恵まれていた, あの先生のお蔭で今の自分がある」などと感じ, 自分もそのような教師へと考えて, 教職課程を履修している場合が多い。「これまでの小学校から高校の学校生活で出会った先生のなかで, 最も強く印象に残っている先生を, 1人だけあげてください」との問いへの回答の一部を紹介してみよう。

　「なぜ, その先生を選んだのか」は, 200字弱の記述を一行に要約したため, 十分に意が通じない面もあるが, ポイントは読み取れよう。紹介した18人の学生に, 最大公約数的に共通することがある。①学級の誰もがというわけではな

表2.1 これまでの学校生活で、最も印象に残る先生

どの学年・関係は	男女・年齢	なぜ、その先生なのか（要約）
小 学 校 時 代 の 先 生		
1・2年　担任	女性 37	明るく頼もしく、お金の価値と両親の大変さを教えられた
4年　担任	女性 55	担任産休で学級崩壊の危機を食い止め、団結力向上
5・6年　担任	男性 43	給食を残してはいけないや、みんなが喋ると校庭5周など
3・4年　担任	男性 24	生徒指導に力。熱い性格で1年中クラスは良い雰囲気に
5・6年　担任	男性 40	優しく、時に厳しく、一人ひとりをきちんと見てくれ、心配も
6年　担任	男性 41	幼以来初の男性。納得いくまで話し合いクラスが団結
6年　担任	30	荒れていたクラスをみんなで話し合い、一から直してくれた
5・6年　担任	女性 3～40	いじめを児童たちで考え、なくせるように導いた。よく相談
5・6年　校長	男性 40	校長室を常に開放し、休み時間は子どもが集まる雰囲気
5・6年　担任	男性 30	いじめ裁判などを提案し児童に主導権。心根の暖かさ
中 学 校 時 代 の 先 生		
1年　国語	男性 3～40	自分も気づかない生徒の欠点をズバッと指摘。受け入れる
3年　担任	男性 40	成績より人間性重視の父親のようなヒト。正義に毅然として
3年　国語・担任	男性 30	オリジナルプリントで授業、クラス通信は浪人生にまで。尊敬
2年　担任・国語	男性 50	第一志望大学に反対、意地になったが3年でもずっと応援を
1年　国語	男性 26	古典を中学レベルから個人的に補習。人生を変えてくれた
3年　学年付き・英語	女性 35	自身の辛い過去も話し、向き合う勇気をもらえた。人の優しさ
2年　学年主任国語	男性 50	保健室登校等の時期に、話し相手となり支えてくれた
3年　顧問・国語	男性 40	部活引退後も進路相談に応じ、補講のような機会も設けて

出所）2015年度前期・成蹊大学「教職研究a」における授業レポートから（2015年4月23日）

く、「私にとって」であること、②教科科目の学習指導（授業内容）に強い印象があるのではなく、生徒指導や部活などそのほかのことが残っている、③その先生と日々向き合っていたときには気づかず、あとになって振り返って想うということである。これは、「恩師」という言葉に凝縮できるのではないだろうか。みなさんが自身の体験と比較して考えてみてほしい。

「仰げば尊し　わが師の恩」（作詞作曲者不詳、原曲はスコットランド民謡）の歌は、卒業式で歌われる機会は減っているものの、教職課程履修学生は、学校生活で恩師と出会い、その影響を強く受けているのである。教師についての「正の連鎖」がみられる。これは大事にしていきたい。

だが、注意しなければならないことがある。教職志望の学生は、どこの大学でも概ね成績優良で、問題行動もみられず、教師からも好感をもたれて学校生活を送った人が多い。学校には居場所があり、居心地のよい、楽しい所であっ

たのである。しかし，すべての子どもが同様に学校をポジティブに受け止めているわけではない。むしろ，居心地が悪く，息苦しい場ととらえ，教師を否定的に受け止めている子どもも少なからずいる。自身の体験を大切にしつつも，それだけに依存せず，こうした子どもの存在を十分に意識しなければならない。

2　教師の生活

　教師をめざす学生は，これまで教師の生活を外から眺めてきただけである。ベネッセ教育研究開発センターの調査によれば，表2.2に整理されたように，「教師の長時間勤務」の傾向がうかがえる。「学校にいる時間」と「家での仕事時間」を合わせると，小学校の教師は12時間27.5分，中学校では12時間49.7分となる。「労働基準法」第32条の「1日8時間労働」の原則をはるかに超え，1日の半分以上が教育の仕事にあてられている。こうした状況は，国内外の調査ですでに知られていたが，2014年11月に文部科学省は，初めて「教職員の業務実態調査」を実施し，翌年7月に「学校現場における業務改善のためのガイドライン～子供と向き合う時間の確保を目指して～」として公表した。その概要を資料2.1に示す（2015年7月27日の報道発表を転載）。

　教職課程で学ぶ学生は，「学校の先生という存在」への憧れを強く抱いている。これは，とても重要である。しかし，現実の「影」の部分も正確に知らなければ，絶望し，挫折につながりかねない。こうした現実のなかで，全国のおよそ110万人の教師（幼・小・中・高・特別支援学校；文部科学省「学校基本調査」2015年度速報値）は，日々教育に勤しみ，努力を重ねている。

表2.2　教師の日常生活の平均時間（2007年）

	出勤時刻	退勤時刻	学校にいる時間	家での仕事時間	家で，新聞を読んだり，読書したりする時間	家で，テレビを見たり，音楽を聴いたりする時間	睡眠時間
小学校	始業時刻の34.1分前	午後6時53分	11時間12分	75.5分	31.5分	48.9分	5時間53分
中学校	始業時刻の38.4分前	午後7時25分	11時間48分	61.7分	32.3分	49.2分	5時間57分

※「学校にいる時間」は，8時15分を始業時刻と仮定して，出勤時刻の平均から退勤時刻の平均までの時間を計算したものである。
出所）　ベネッセ教育研究開発センター（2008）「第4回学習指導基本調査（速報版）」により作成

資料 2.1 「学校現場における業務改善のためのガイドライン（概要）」

1. 趣旨
○時代の変化に合わせた授業革新等が求められていることや、OECD 国際教員指導環境調査結果等で教員の多忙化が指摘されていること等を踏まえ、教員が子供と向き合える時間を確保し、教員一人一人が持っている力を高め、発揮できる環境を整えていくため、各教育委員会における学校現場の業務改善に向けた支援に資するガイドラインを作成。

2. ガイドラインの構成
○教職員の業務実態を調査・把握した上で、実態を踏まえた業務改善のための基本的な考え方と改善の方向性、実践事例等について取りまとめ

（1）学校現場における教職員の業務実態調査
○学校における各種業務についての教職員の従事状況や負担感の状況等を把握
○主担当となる業務が多い副校長・教頭、教諭に焦点を当て、詳細な実態を把握

＜副校長・教頭、教諭の業務ごとの負担感率の状況＞
○副校長・教頭、教諭について、従事率※1 50％以上の業務に対する負担感率※2 50％以上の業務は以下のとおり

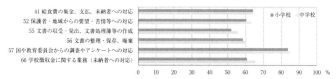

図1：副校長・教頭の従事率が50％以上の業務に対する負担感率の状況

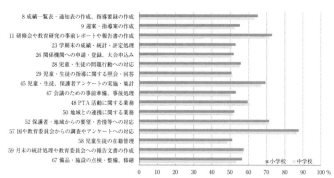

図2：教諭の従事率が50％以上の業務に対する負担感率の状況

※1【従事率】従事状況に係る設問に関して、「主担当として従事している」「一部従事している」と回答した数の和の全有効回答数に対する割合

※2【負担感率】負担感に係る設問に関して、「負担である」「どちらかと言えば負担である」と回答した数の和の全有効回答数に対する割合

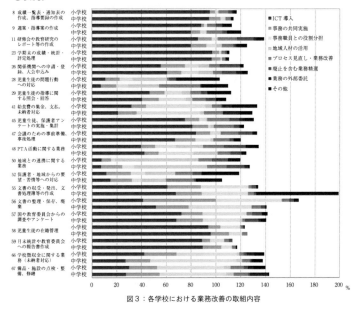

<各学校が現在講じている業務改善のための方策>
○小・中学校の副校長・教頭、教諭のいずれかで従事率及び負担感率が50%以上の業務について、改善策を講じていると回答した学校において、講じられている改善策の内容は以下のとおり(複数回答が可能であるため、100%を超えている業務もある)
○小・中学校の別を問わず、「ICTの導入」による取組が多く、成績一覧表・通知表の作成、指導要録の作成や、学期末の成績・統計・評定処理などの業務が挙げられる。
また、「事務職員との役割分担」による取組は、給食費や学校徴収金に関する業務などが挙げられ、「地域人材の活用」による取組は、保護者・地域からの要望・苦情等への対応に関する業務などが挙げられ、業務の種類に応じて様々な手立てを組み合わせている状況。

図3:各学校における業務改善の取組内容

出所) 文部科学省, 2015年

3 小・中・高校生にとっての「先生」という存在

　子どもが好きな教師像と子どもが嫌いな教師像を明らかにすることは、教師研究の必須課題であり、教師をめざす学生にも、現職の教師にも関心の高いものである。しかし、定説的な結論を導くことは困難で、実証的なデータも乏しい。調査をしても、優等生的な回答では意味がないということもある。

小学生では，1〜6年生の平均で，男子の約62％，女子では約69％が，担任の先生を「いい先生だと思う」と答えている[1]。そして，子どもの日常の姿を丹念に観察し，友だちのよい点を見つけたときには喜び，友だちを傷つけたときには悲しみ叱る。そういう，共感しあえる教師，善悪の基準を揺るがせずに，係の仕事をサボったり，嘘をついたりしたときには，曖昧にせずきちんと叱る教師が好まれている。「優しく，叱らない，友だちのような教師」が歓迎されているのではなく，子どもはしっかりと核心をとらえていることに留意する必要がある。教職課程履修学生の回答とも符合している。

　中・高校生にとって，教師はどんな存在なのか。小学生も含め，「悩みごとをだれに相談するか」の調査結果（次ページの表2.3および2.4）から，学校の先生の「重み」を考えてみよう。悩みごとの内容は，学習成績，学習の方法，進学から「いじめ」まで，多岐にわたっている。相談しないということが，先生を嫌っている，相手としていないことにはならないが，小・中・高校生ともに，「先生の存在」がきわめて希薄であることは否めない。もちろん，教師が手をこまねいているわけではないが，子どもと教師の関係を考えるうえでの，重要なテーマとして考究してほしい。

4　国民が望む教師とは

　教職志望の学生と子どもの視点から教師を見つめてみた。仕事の実態もつかんだ。では，保護者を初め国民一般は，教師をどう見ているのか。実在はしない，二人の教師を取り上げよう。壺井栄（1952）の代表作『二十四の瞳』の主人公である大石久子と，「3年B組金八先生」（TBS系，1979〜2008年および2012年）の坂本金八である。

　大石先生は，新任の女性教師（おなご先生）として，香川県小豆島の小学校分校に赴任し，そこで出会う12人の1年生との日常が描かれる。子どもを愛し，

---

(1)　学研版『小学生白書―小学生まるごとデータ』2008年度版などによる。

表2.3 悩みの相談相手（小学生）

	男　　子		女　　子		全　　体		
1位	お母さん	64.9%	お母さん	75.7%	お母さん	70.3%	1位
2位	とくにない	12.0%	同級生の友だち	9.9%	とくにない	9.3%	2位
3位	お父さん	10.2%	とくにない	6.5%	同級生の友だち	8.6%	3位
4位	同級生の友だち	7.3%	お父さん	3.9%	お父さん	7.1%	4位
5位	先生	1.9%	先生	1.5%	先生	1.7%	5位
6位	きょうだい	1.8%	きょうだい	1.1%	きょうだい	1.5%	6位
7位	おばあさん	0.8%	おばあさん	0.8%	おばあさん	0.8%	7位
8位	おじいさん	0.5%	年上の友だち	0.3%	おじいさん	0.3%	8位
9位	年上の友だち	0.2%	その他	0.3%	年上の友だち	0.3%	9位
10位	その他	0.5%	おじいさん	0.0%	その他	0.4%	10位

出所）学研教育総合研究所（2013）『小学生白書 Web 版「小学生の日常生活に関する調査」』より作成

表2.4 悩みごとの相談相手（中・高生）

	中　学　生		高　校　生		全　　体		
1位	友だち	41.8%	友だち	59.6%	友だち	50.4%	1位
2位	お母さん	38.4%	お母さん	25.0%	お母さん	31.8%	2位
3位	相談する人なし	4.7%	きょうだい	5.7%	きょうだい	4.9%	3位
4位	きょうだい	4.2%	お父さん	3.2%	お父さん	3.6%	4位
5位	お父さん	3.9%	先輩	1.8%	相談する人なし	3.4%	5位
6位	学校の先生	3.2%	学校の先生	1.8%	学校の先生	2.5%	6位
7位	先輩	1.2%	相談する人なし	1.8%	先輩	1.6%	7位
8位	それ以外の人	1.2%	それ以外の人	0.9%	それ以外の人	1.1%	8位
9位	DK，無回答	1.4%	DK，無回答	0.2%	DK，無回答	0.9%	9位

出所）NHK 放送文化研究所（2013）『中学生・高校生の生活と意識調査 2012～失われた 20 年が生んだ "幸せ" な十代』より作成

命を慈しむ，教師であり母親であり，特別なことをしたわけではない。戦争という状況下でも，そうした心情を貫いただけである。それが感動を呼ぶ。小説も大反響を呼んだが，1954 年に木下恵介監督で映画化されたのを初め，2013 年までに 4 回映画化・テレビドラマ化されたことがそれを物語る。一方の金八先

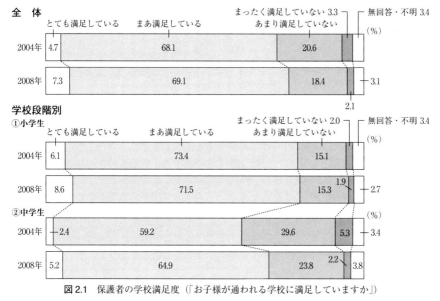

図2.1　保護者の学校満足度(「お子様が通われる学校に満足していますか」)

出所)ベネッセ教育研究開発センター(2008)「学校教育に対する保護者の意識調査2008」速報版　p.7

生は第1から第8までの8シリーズを，四半世紀以上にわたって放送し，今も再放送されるほど，注目を集めてきた。第1シリーズでは，「中学生の妊娠・出産」をテーマとしたこともあり，平均視聴率24.4％(最高は39.9％)を記録した。その後も，「いじめ」「薬物」や「親子の断絶」などの重いテーマと向き合ってきた。二人とも，「当たり前のことを，一途に」行い通してきた。

「あんなに熱くなっては，教師は務まらない」「所詮フィクションに過ぎない」と，教師たちは突き放しがちだが，国民の関心は高い。そこに，「こんな先生がいたらいいな」という，人々の「願望や理想」と「現実」とのギャップをみることもできよう。大袈裟にいえば，「国民の恩師」像だといえなくもない。

しかし，図2.1からわかるように，保護者たちの多くは学校と教師に満足している。「モンスターペアレント」と呼ばれる，理不尽な親たちの存在は否めないが，マスコミに煽られて，初めから対決姿勢になったり，大騒ぎをすることは正しい対応とはいえない。

5 「普通の教師」であること

よい先生の条件は，多くの図書・雑誌などで指摘されているが，それを要約するような指摘がある。栃木県公立学校教員採用試験・集団面接試験の試験官があげた，次の5点である[(2)]。これは，栃木県に限ったものではない。

① 声が大きいこと。先生の言葉が伝わらなければならない。
② 体力があること。教科指導であっても，強い体力が求められる。
③ 子どもが大好きであること，教えることが大好きであること。「この子をどうにかしてあげよう という熱い気持ち，情熱」が教育である。
④ 研究熱心であること。掃除なども含め，学校でのすべての活動が教育。その質を高めるために研究を重ね，万全の準備をする。とくに，すべての授業の設計を詳細に行い，授業プランは文章化する。授業後は，振り返り，反省を赤で書き残す。
⑤ 一生勉強しつづけること。そして，自分のことよりは，児童・生徒・学生の教育を優先し，あらゆることの中心におく。

教育の三要素として，古くから「知徳体」や「心技体」のバランスのとれた充実がいわれてきた。この，当たり前の，普遍的なことは，そのまま教師のあり方にも当てはまる。「体」の条件が真っ先にあげられていることにも注意したい。特別な，卓越した能力や技能を培い，磨くことは，上記の④，⑤にも指摘されているように重要なことである。しかし，それ以上に，誰にも可能なことを，丹念に心を尽くして弛まずに行うことが，何よりも大切である。

教師にとって不可欠な条件は，「普通であること」だといえるのではないだろうか。語呂合わせのようにはなるが，「普通（ふつう）」とは，「ふらつかない」「つよがらない」「うそをつかない」との意味である。「空気を読む」などと，その場の大勢におもねったり，利害によって判断を変えたりすることなく，軸足を定め，信念を貫くことである。だからといって，独りよがりで傲慢になってはいけない。「絶対」などを軽率に口にするようでは，信頼されない。嘘をついて

---

(2) 林明夫「先生の条件とは何かを考える」（CRT 栃木放送『明倫塾の時間』2009年8月23日放送）。

もいけない。まちがえたことは，正直に，謙虚に，子どもにも謝り，改めるべきである。「普通」は，誰にもできることであるが，そうしたことほど，日々徹底し，継続することは，なかなかむずかしいものである。

第3章 子どもの見方・とらえ方

　レイチェル・カーソンの『センス・オブ・ワンダー』を読み返すたびに思うことは，教師にとって大切なのは，いろいろなことに「気づく目」「感じる心」である。つまり，子どもの様子や態度から，変容に「気づく力」であると実感する。換言すれば，「感性」といえる。

　「子どもの見方・とらえ方」をとらえるにあたって，忘れてはならないのが「センス・オブ・ワンダー（＝神秘さや不思議さに目を見はる感性）」をもち続けることの大切さである。

1　学校教育の今日的な問題点

　今日わが国は，100年に一度あるかないかの経済不況に見舞われている。その影響で，保育所への待機児童は，4万人を超えるといわれている（2015年）。社会の変化は，家庭に，そして子どもにも影響を与える。新聞紙上をにぎわせている子ども，学校に関係する記事をみると，家庭内暴力（殺人），モンスターペアレンツ，教員の不祥事，いじめ，不登校などがあらわれている。

(1) 学級崩壊

　学級崩壊とは，文部科学省学級経営研究会の定義によれば，「生徒が教室内で勝手な行動をして教師の指導に従わず，授業が成立しない学級の状態が一定以上継続し，学級担任による通常の手法では問題解決ができない状態に立至っている場合（学級がうまく機能しない状態）」である。このなかには「児童の集団による教師いじめ」という側面も有している場合がある。学級崩壊の背景としては，「教師の権威の衰退」「家庭教育力の低下（家庭で終えるべきしつけができて

いない)」「地域の教育力の低下」などがあるといわれている。

　新たな問題は，モンスターペアレンツの出現である。これも，さらなる担任いじめによる，学級崩壊の引き金になっている。

(2) 学力低下の問題

　今，子どもたちをみていると，子どもたちには，意欲喪失・自尊心の欠如・生きる力の低下が顕著である。とくに「勉強したい」「学びたい」という姿勢がみられない。「どうせ」「でもね」「やっても無駄」と必ず言い訳をし，自分の都合のいいように解釈する子どもが増えてきている。学力の低下は，しつけの力の低下にあると思われる。このような問題状況は，核家族化，共働きなど家庭や地域でのかかわりの欠落に加えて，食後，自室に閉じこもり，親との会話も減ってきていることによるものと考えられる。しつけができなくなったことで，子どもたちは，我慢することもできなく，また欲求不満耐性も育っていない状況になったのである。

(3) 不登校

　文部科学省の「平成17年度　生徒指導上の諸問題の現状について」によると「不登校とは，何らかの心理的，情緒的，身体的，あるいは社会的要因・背景により，児童生徒が登校しないあるいはしたくともできない状況にある」ことをいう。不登校状態となったきっかけは，小学校では「本人の問題に起因」が一番高く，次いで「家庭生活に起因」「学校生活に起因」の順となっている。いっぽう，中学校では，「学校生活に起因」が一番高く，次いで「本人の問題に起因」「家庭生活に起因」の順となっている。

(4) 暴力・いじめ問題

　文部科学省は，2014 (平成26) 年9月17日に，全国の小・中・高等学校を対象にした平成26年度「児童生徒の問題行動等生徒指導上の諸問題に関する調査」の結果を発表した。それによると，児童・生徒による暴力行為は，5万4242

件であった。医療機関で治療を受けている件数も多く，感情を抑制できずにけがを負わせるような実態が浮き彫りになった。暴力行為が低年齢化し，小学生1万1468件（前年度1万896件），中学生　3万5683件（前年度4万246件）であった。中学生は前年度に比べおよそ5000件減ったが，逆に小学生はおよそ600件近く増えた。最近は，おとなしそうな子が突然キレる例が多い。文部科学省は「暴力行為増加の背景として，感情を抑える力や他人と意思疎通を図る能力の不足，規範意識の低下」などをあげている。「問題を起こすのは，自分を大切にせず自信をもてない子に多い」という専門家の指摘である。

> 「昨今の子どもたちは，少子化や都市化，塾通いのために，遊ぶ仲間や場所，時間が減っている。インターネットなどの発達で，他人と直接触れ合う体験も少ない。仲間との野外キャンプ，学校行事などを子ども自身に企画・実行させる。部活動に積極的に参加させる。具体的な目標を持たせ，さまざまな体験を通じて自信をつけさせることが大切だ。家庭でのしつけも，おろそかにしてはならない。幼い頃から親子で過ごす時間を作り，基本的な生活習慣を身につけさせたい。」（『読売新聞』2009年12月6日付社説）

　大事なのは，教師が，遅刻や早退，服装の乱れ，校内の落書きなど，小さな兆候を見逃さないことである。

　「ネットいじめ」「LINEによる誹謗中傷」もあとを絶たない。また，見えないいじめ，潜在的ないじめがあり，表面に出てきていないのが実態であるかもしれない。

　また，疎外感を感じている子どもたちが増えている。人間関係がうまく結べない状況がある。信頼する真の友人がいない，話すきっかけがつかめない，どうかかわっていけばよいかわからない，目を合わせることができない，正面から向き合えないという子どもがいる。これは，いじめの対象になりやすい。早期発見，早期解決が必要である。

(5) 虐　待

　2014（平成26）年8月4日厚生労働省「全国児童福祉主管課長・児童相談所

長会議」資料によると，平成25年度に全国の児童相談所で対応した児童虐待相談対応件数は，7万3765件であった。平成24年度に比べおよそ1万件増加している。命にかかわるけがや栄養不良による極度の衰弱など「生命の危機あり」とされた子どもも増加の傾向にある。このほか発達障害といって，自閉症，学習障害，注意欠陥多動性障害，アスペルガー症候群などがみられる。

　以上のような問題が山積みである。このような問題状況を把握したうえで，子どもたちをよりよい方向に導くためには，「子どもの見方・とらえ方」が大切である。

　「鳥取県庁福祉保健部　子育て支援総室」は，虐待の早期発見のために，以下のような「虐待の種類と虐待を疑わせるサイン」についてまとめた。

【子どもの様子がおかしい】
・季節に合わない衣服や，不潔な衣服を身につけている。
・夜遅くまで外で遊んでいたり，家に帰りたがらない。
・基本的生活習慣が身に付いていない。
・特に病気でないのに身体的発達が著しく遅れている。
・身体に不自然な外傷，あざ，火傷などが見られる。
・表情が乏しく，無表情，笑わない。
・食事に対して異常な執着を示す。
・落ち着きがなく，乱暴である。

【親の様子がおかしい】
・子どものけがや傷跡の説明が不自然である。
・子育てに疲れている様子が見られる。
・いつもイライラして，子どもに当たり散らしている。
・しつけと言って殴る，蹴るという行為が見られる。
・子どもについて話すことがよく変わる。
・地域や親族との交流がなく孤立している。

---

(6) 子どもの貧困

　豊かな日本社会のはずが，今，子どもの貧困化が問題になっている。『平成26年版　子ども・若者白書』第3節「子どもの貧困」によると，相対的貧困率は14.6％に上り，わが国の子どもの相対的貧困率はOECD加盟国34ヵ国中10

番目に高い。貧困は，子どもの教育の機会を奪い，学力低下を加速化させ，日本社会の将来にも暗い影を落とす。とくに問題なのは，親の貧困が子どもの貧困へと続く「貧困の連鎖」が起きていることである。

2　子どもへのかかわり

(1) 教師の前に一人の人間として

　①「江戸しぐさ」からみえてくるもの

　江戸時代は，循環型社会である。モノを大切に使い，助け合って生きる社会，そこには共生的環境があった。ヒト，自然，モノなど人々はともに手を取り合って生きていた。そのための配慮が自然に身についていったのが江戸時代である。江戸時代を見直すことはすなわち，今の社会に足りないものを改めて考え直す機会にもなる。そのなかで大切にしたいのが，「江戸しぐさ」である。

　「江戸しぐさ」は，江戸に生きた人々の経験・知識・知恵・行動・考え方などのことをいう。『絵解き　江戸しぐさ』によると，「しぐさは，思草（思うこと），志草（志すこと），支草（支えること）の三つの面からとらえることができます。…人間の内面にある心のようすをあらわす言葉でございます。『草』は『はじめ』『はじめる』の意から，行動すること，実行することをあらわしています。……しぐさとは，行動するときの心得とも，はじめの一歩とも，基本ともとれますね」と書かれてある。

　今でいえば，基本的生活習慣といえる。「江戸しぐさ」は，人間関係を円滑にするための知恵が書かれ，共生の知恵の集大成といっても過言ではない。コミュニケーション能力，人間関係調整能力といった現代社会における必要不可欠なものが「江戸しぐさ」にはある。江戸しぐさの根底をなすものは「他人のことを常に考えて行動すること」にある。つまり，人への思いやり，学ぼうとする姿勢，もてなしの心があるのである。

　江戸時代は「三つ心，六つ躾，九つ言葉，文十二，理十五で末決まる」という言葉が子育ての掟のようなものであった。それの意味するものは，次に示す

ものである。

> - 三つ心…3歳までに子どもたちの人格は決まってしまうので十分に愛情を注ぎ，他人に対して思いやりのある子どもに育てる。
> - 六つ躾…6歳までに挨拶の仕方や箸の持ち方に始まり，一通りの躾を済ませる。
> - 九つ言葉…9歳までには，どんな人にも失礼でない言葉遣いができるようにする。
> - 文十二…12歳までに，いろは48文字の手習いから始まって数字，納品書，請求書，苦情処理書など，さまざまな用途にわたる手紙の書き方をマスターする。
> - 理十五で末決まる…15歳までに，暗記ではなく，諸々のことが理解できるようになっていないと，将来，商人として使い物にならない。

以上のように，子育ての目標を年齢ごとに区切ってある。

また，「自然との共生を大事にしている」「朝，太陽に手をあわせ，夕日に涙する」「秋，ススキの向こうに満月が昇る光景に興味を感じる」など，いずれも伝統的な日本人の感情である。自然と一体となって生を感じる感性が自然を大切にし，何事にも謙虚な日本人をつくりあげてきた。260余年にわたり，平和が続く江戸時代が実現したことで，こうした特性はさらに磨きがかかった。「江戸しぐさ」の本質が「相手に対する思いやり」であり，「言葉遣い」や「振る舞い」にその心が表れている。

さらに，「江戸しぐさ」には「人間力」をつけるものがある。「傘かしげ」「肩引き」「こぶし腰浮かせ」などである。江戸しぐさを日ごろから心がけていることで，けんかやトラブルはまず起こらないし，それよりむしろ未然に防ぐ予防効果がある。かつて江戸時代には，子どもから大人まで高い倫理観や正義感をもっていた。現代において失われた日本人の特性を取り戻し，社会が健康になるための貴重な鍵があるように思われる。

②指導すべきこと（怒る・叱る）

世の中には，社会的なルールがある。「人を殺してはいけない」「人を傷つけてはいけない」「人をいじめてはいけない」など人間が社会で生きていくうえで，してはいけないことがある。これは，小学校時代に徹底的に教えこまないといけない。もし，人を傷つけるようなことがあったら，声を荒げてでも叱らなく

てはいけない。「叱る」「怒る」を使い分けることが大切である。

　常に，子どもたちには，1日1回は一人ひとりに言葉かけをする。子どもの様子，健康状況など，また，子どもたちの間で流行していること，話題や子ども同士の情報をここから仕入れておくことも大切である。ここから仕入れた情報は，ほかの子に漏らしてはいけない。いじめなどの情報があったら，すぐにでも指導する。そういう意味でも，子どもへの声かけは大切になる。

　③ともに学ぶ姿勢（学ぶ意欲）

　大人は，ともに学ぶ姿勢を子どもたちに示すことである。大人の学ぶ姿勢が，子どもたちへの刺激になり，ともに学ぶという一体感を子どもたちにもたせることができる。

　④謙虚さ・素直さ

　大人の言ったことに，子どもたちが「はい」「わかりました」という前向きな姿勢があるようにすることである。そのためには，大人は，ある程度の権威が必要になる。大人も日頃から努力している姿勢を子どもに示し，尊敬に値する人間になることが大切である。

　⑤豊かな人間性

　大人は，人間として，父性と母性を併せもつことである。あるときには，母性のように，「子どもたちを温かく包みこみ，やさしく受け入れる」ことが必要になり，ときには，父性のように「厳しく見守り，おおらかに受け入れる」ことが必要になる。大人は子どもたちの安全基地であり，温かな人柄が，子どもたちに安心感を与えるのである。

　⑥「センス・オブ・ワンダー」（感性）

　大人も「センス・オブ・ワンダー」（感性）をもつ。つまり，いろいろなことに気づく目，感じる心があるということである。大人として，子どもたちを見守るときに，子どもたちの様子から敏感に感じ取る「感性」が必要になる。

　養老孟司・宮崎駿の共著『虫眼とアニ眼』のなかに「感性の基本には，ある種の『差異』を見分ける能力があると思う」とあるが，これはとても大切なことである。「気づき」につながる。またさらに「感性とは，『なんかほかと違う

ぞ』って変化がわかること…」と書かれてある。
　これは，子どもにも大人にも必要なことである。しかし，今はどうであろう。「なんかほかと違うぞ」っていうことに気づかない人間が多い。
　「気配」さえ感じない人が多くなったような気がする。「ここは危険そうだ」「何かいそうだ」という自然のなかでは当たり前のことであるが，今の子どもも大人も自然からだいぶ遠ざかっているためか「感性」が感じられない。やはり野外教育活動における直接体験の不足のためであろう。携帯電話やポータブルゲーム機に夢中になり，「気配」を察することもなくなった。
　⑦支え合い
　未曽有の災害が起きている。地震，噴火，大雨による堤防の決壊など予測不可能な事態である。
　そんななか，ボランティア活動で多くの人たちが活動している。困っている人を支え合うことの大切さを改めて感じた昨今である。いま「自助・共助・公助」が改めて注目されている。とくに支え合いということで「共助」が今後さらに大切になる。
　そこで，他人のことを常に考えて行動する「江戸しぐさ」の見直しは，「支え合い」という点で現代人にとくに必要である。

(2) 教師として―子どものいいところをみつけるために
　①児童理解
　ホリスティックな見方　　ホリスティックとは「全体・関連・つながり・バランス」を意味する。つまり，子どもをみるときに，「子どもの一部をみるだけでなく，心・身体・環境など全体に気を配ることで，子どもが本来もっている自分自身を高める力を伸ばすことができるように」みるのである。そのことで，子どもの自己の存在証明がなされるのである。
　クラスをシステムとしてとらえ，クラスマネジメント的な視点でみていくことが大切である。岡本薫の『Ph. P手法によるマネジメントプロセス分析』によると「あらゆるマネジメントに必要な七つのステップ」として，a)正確な「現

状の把握」→ b)正確な「原因の特定」→ c)具体的な「達成目標の設定」→ d)有効な「手段の選択」→ e)関係者間の「共通意思の形成」→ f)決定どおりの「手段の実施」→ g)「結果と目標の比較」があげられている。具体的な目標設定をし，すべての子どもが身につけられるようにすることが大切である。

　先生と子どもの歯車が狂うと，全体のバランスが崩れる。そうならないためには，一人ひとりの役割分担を大切にし，全員を学級のなかで生かす手立てをとるように工夫することが教師に求められる。

　アンテナを高くする（情報収集力）　一人ひとりの子どもたちに気を配ることであり，声かけをすることである。子どもたちと一緒に過ごし，遊ぶことで，今の子どもたちの話題，いじめの情報などを手に入れることができ，次の指導に生かせる。

　「子どものがんばりノート」づくり　子ども一人ひとりの一日を振り返り，その子の様子，出来事をメモするノートをつくる。とくに，一日を通してあまりかかわらなかった子どもについて，気がついたことをメモするのである。必ずしも全員の子どものことをメモする必要はない。

②子どもの姿

　学級は，準拠集団でなければならない。子どもたちが，何かを判断するときの基準として学級，先生を口にするような学級集団づくりをするべきである。そのためには，教師が学級の様子・学級の人間関係を把握していることが大切である。そのツールとして，以下のような方法がある。

> i．構成的グループエンカウンターを4月当初から始める。グループエンカウンターとは「与えられた課題（グループ内共有課題）」をめぐって，グループで個人の発想や本音を交わし合って，相互に認め合う学習方法である。
> ii．「楽しい学校生活を送るためのアンケートQ－U」を使い，学級の実態把握ができる。
> iii．グループワーク（GW）をとり入れる。GWをすることで，子ども同士のかかわり，教え合いができるようになる。とり入れるためのよい方法として，グループワークトレーニングがある。これを実行することで，グループが自己活動できるようになり，班を中心にして子どもたち自身が考え，問題を解決

できるようになるのである。
 iv. スクールモラールテストは、児童・生徒の学級適応診断検査である。スクールモラールとは「学校の集団生活ないし諸活動に対する帰属度、満足度、依存度などを要因とする児童・生徒の個人的、主観的な心理状態である」とし、それは、子どもたちの学校への適応を示すものである。「やる気」という言葉でよくいわれている。子どもたちの学級適応への指標となる。
 v. ソシオメトリックテストは、学校で「誰と一緒の席（グループ）になりたい」「どの友だちが好き」などの質問をすることで、学級集団の構造や児童間の友人関係を理解しようとする心理テストのことである。かつては、嫌いな子どもの名前を書かせていたが、今は、人権意識の高まりから、学校では書かせなくなった。相思相愛か、片思いか、また、どの子が孤立しているのかなどを把握することで、学級経営に子どもを生かすことができる。

③学級の取り組み

　学級経営がうまくいくと、授業もスムーズに流れる。ただし、授業の仕方にも教師の工夫がいる。日々教師は、どこに、何があるか、教育情報源の発掘、教材開発を行い、最適な学習過程を組み立てる必要がある。また、いろいろなグループ活動を取り入れたり、授業で使えそうなテレビ番組を常にチェックしたり、視覚に訴えるような教材を工夫したりして、教師自身も自己研鑽が大切である。

　また、ノートのチェックは大切である。きちんと書けているか、工夫されているかなどを確認し、その子、その子に応じた指導・評価を行い、そのことを通して、教師の授業づくりの自己評価としていきたい。

　子どもの作品を見たらすぐに返すか、教室内に掲示することを心がける。掲示は、ポートフォリオ形式にし、蓄積し、教室掲示としても、また子どもの成長の記録としても使える。この作業は、子ども自らの成長動機・達成動機を育む場となるからである。

④環境履歴（地域・環境・家庭）をみる

　家庭の生育歴を調べる方法には、家庭環境調査票・個別相談・学級懇談会・指導要録・母子手帳などがあげられる。とくに、指導要録については、幼・保・小の連携が大切である。各園の先生方との引き継ぎをよくし、日頃から情報交

換をしておくことが必要である。

　また，教師自らが学校から外に出て，子どもたちが住んでいる地域をじっくりとみるのである（フィールドワーク・家庭訪問をする）。子どもたちが，遊び，学ぶ地域が，どういう地域なのか歴史的にも，地理的にも，文化的にもみることが，ひいては，子どもたちを間接的にみることにつながるのである。たとえば，教師も地域の行事に積極的に参加すれば，普段学校ではみられない子どもの姿をみることができるからである。さらに，家庭から出された家庭環境調査票などは，家庭における子どもの様子をうかがい知ることができる。

　また，地域の人を学校に招くことで「地域で子どもを育てる」よい機会になる。子どもと，地域，学校，教師とのつながりができ，多角的な目で子どもたちをみることができる。

⑤保護者との密接な連携（多角的に子どもをみる）

　学校での子どもの様子が保護者にみえることで，安心して子どもを通学させることにつながる。連絡帳，電話連絡，学級通信，家庭訪問など教師ができる方法は多くある。

⑥ほかの教師（学年内・学団・学校全体）との連携（共通理解）

　複数の目で子どもたちをみることが大切である。若い教師もいれば，ベテランの教師もいる。情報交換をし，いろいろな角度から子どもたちをみることは，さらなる児童・生徒理解につながる。

⑦授業のなかでの自分（子どもの）の位置づけ，役割をみる

教師は，子どもたちをトータルでみるのである。学力だけでなく，性格などその子のよさを見いだして，授業で生かす場面をつくる。

⑧研究・修養

　教師は，自己目標をもった自己研鑽が大切である。カウンセリング，教科，マネジメントなど教師が学ばなければならないことは，たくさんある。テレビ番組のなかにもすぐれた教材になるものはたくさんある。教師の心のもちようで，至るところが学びの場になる。研鑽を積むことが，子ども，地域への還元になるのである。また，子どもをみる目を養うことにもつながる。「よい授業を見に

行かせてもらう」「本を読む」など最新の情報を取り入れ，授業改善につなげるのである。積極的にいろいろな研修に参加することである。

　教師自身が核となる教科（得意な教科）をもつことが大切である。これを切り口にして授業をすることで，子どもたちに「先生はこの教科が好きなんだね，すごい」と子どもたちに言われるようになるとよい。

　学校での生活の大半は，授業である。そこで「わかる授業」「楽しい授業」をすることが教師の務めになる。子どもたちの楽しい授業，ためになる授業の願いに応えるために，教師は実践的研究をしなければならない。そのためにはまず，「学習のつまずきの要因や背景」を把握（児童理解）し，「学びに充実感」をもたせる工夫が必要である。その一つが「教材開発」による「授業改善」である。「身近にないものを身近に感じさせる工夫」だったり，「地域素材の教材化」だったりである。子どもたちに「気づき」を促すような教材との出会いが子どもの変容につながる。

　つぎに，「学習課題」をはっきりさせ，学ぶ見通しを明確にすることである。そして，発問を構造化し，主発問と補助発問をきちんと組み立て，授業の流れをつくるのである。

　野口芳宏（北海道教育大学）は，退官記念講演のなかで，以下の話をされた。

> 　「研究」というのは，学校現場で子どもをどうするかという「他者理解」を意味します。それに対して「修養」というのは自分をどうするかという「自己理解」を意味しています。

　教師は，常に子どものことを考えている。とくに，学力については敏感である。そのために，教師は，日々子どもとともに努力をする，研究・修養に努めることが大切になる。さらに，教師には，子どもの「人格形成」を助けるという大切な役割がある。

⑨カウンセリングマインド

　國分康孝は，「カウンセリング」とは「言語的および非言語的コミュニケーションを通して行動の変容を試みる人間関係である」と定義している。カウンセ

ラーのパーソナリティーとして，國分は「人好き」「共感性」「無構え」をあげている。

> 「人好き」とは，自分を好いている人間である。つまり，自己受容である。あるがままの自分を受け入れることである。このことは，結局，他人に対する態度にも相関があるという。
> 「共感性」とは，人の話を実感をもって感じることである。これは，人間尊重の基礎でもある。
> 「無構え」とは，天真爛漫，天衣無縫であり，防御がないということである。つまり，本音の自分を相手に伝えようとする姿勢である。

カウンセリングマインドとは，「相手の気持ちを，相手の身になって感じることであり，相手と気持ちの通じ合う人間関係を大切にする基本的な態度・技能をさす」。授業のとき，遊びのときなどいろいろな場面で，子どもたち・ほかの教師たち・保護者たちと接するときに必要な人としての心持ちである。

⑪授業臨床的視点からの授業づくり

授業臨床的視点とは，幼稚園，保育所，小・中学校のような教育現場において教師，保育士と子どもが「関係」を構築し，「手」を結び合うという視点から授業を見つめることである。

授業理解に関する調査などによれば，小学生の3割，中学生のおよそ4割が，授業がわからないままですごしている。この現実を見過ごすことはできない。これは，教師の専門性が問われる前に，子どもや親からの不信を招くことになる。

授業臨床という教室の現場のなかで，「授業がわからない子どもたちの悩み，願い」に，直接，積極的に対応していくことが欠かせない。言い換えれば，教室のなかでの「学習のつまずき」「学習停滞」「学習不振」を診断し，その克服・解決の授業づくりを考え，そうした子どもへの適切な指導・援助をすることである。

学習のつまずき，学習停滞，学習不振をもたらす要因を，小口忠彦は①自己概念が曖昧，②社会的不適応，コミュニケーションの阻害，③教師の実践的指

導力の問題[1]としているが,これらに対して教師は,子ども一人ひとりに目をかけ,子どもと向き合うことで,子どもたちと人間関係を構築し,その子に応じた自己実現をさせることにつなげていかなければならない。

⑫指導と支援

教えることの基本は「指導」であるが,勘違いをして「支援」をすれば教えることができると錯覚している教師が多いように思う。

「臨界期」という0歳から8歳までの大切な時期がある。この臨界期には,直接体験を含むしっかりとした指導をしないといけない。まさに教えるべきことを指導してこそ,その後の支援が生きてくると考える。指導は上から目線ではなく,子どもの目線になった児童理解を前提とした教えである。「指導なくして,支援なし」といえるのではないだろうか。

参 考・引 用 文 献

レイチェル・カーソン／上遠恵子訳(2010)『センス・オブ・ワンダー』新潮社
越川礼子(2007)『子どもが育つ江戸しぐさ』ロングセラーズ
和城伊勢(2007)『絵解き江戸しぐさ 今日から身につく粋なマナー』金の星社
養老孟司・宮崎駿(2008)『虫眼とアニ眼』新潮社
文部科学省(2014)「平成26年度 児童生徒の問題行動等生徒指導上の諸問題に関する調査」
厚生労働省(2014)「平成26年度 全国児童福祉主管課長・児童相談所長会議」資料
厚生労働省(2004)『発達障害者支援法』
「編集手帳」『読売新聞』(2009年11月30日付)
鳥取県庁福祉保健部子育て支援総室『虐待の種類と虐待を疑わせるサイン』
「天声人語」『朝日新聞』(2009年12月1日付)
岡本薫(2008)『Ph.P手法によるマネジメントプロセス分析』商事法務
國分康孝(2005)『カウンセリングの技法』誠信書房
高橋三郎・大野裕・染矢俊幸訳(2006)『DSM-IV-TR 精神疾患の分類と診断の手引(新訂版)』医学書院

(1) 小口忠彦・藤田幸春・井上弘編(1970)『講座 学業不振児の指導2 教科と評価』明治図書,p.8

第4章
教師養成政策の変化と「専門職」としての教師

　教師となるには，大学で「教育職員免許法」（以下，免許法）および同法施行規則に定められた，所定の科目を履修して，要件単位を修得し，教育職員免許状（以下，教員免許状）を取得することが原則である。

　免許法は，日本国憲法と旧教育基本法の精神を受けて1949年に制定されたものであるが，その後，何度かの改訂を経て現在に至り，今も新制度を検討中である。大学の教職課程で学んだ時期によって，免許状の内実は異なっているのである。ここでは，戦前の制度とも比較しつつ，教員免許制度と教員養成政策の変遷を見つめ，すぐれた専門性をもった教師とは何かを考えてみよう。

1　戦前の教員養成制度の理念

　わが国の近代的な学校教育制度は，1872（明治5）年の「学制」からスタートするが，まったく同時に師範学校による教員養成も始められた。

　師範学校は，中学校から大学へと連なる学校（男子のみ）体系とは異なる体系の，中等教育機関に位置づけられた。日本の教員養成政策を決定づけた初代文部大臣，森有礼の「師範学校令」（1886年）によれば，師範学校の受験には郡区長の推薦を必須のものとし，入学後は寄宿舎での全寮制で，「良き臣民の育成」には細心の注意が払われた。「教育勅語」（1890年）の理念を実現するための教員養成教育は，陸海軍の軍人教育とともに，日本帝国主義を支えたものだとされる。

　日本の教員免許状制度は，1874年の文部省布達をもって始まるとされるが，法令上は1880年の改正教育令における「小学校教員ハ官立公立師範学校ノ卒業證書ヲ有スルモノトス但本文師範学校ノ卒業證書ヲ有セスト雖モ府知事県令ヨ

リ教員免許状ヲ得タルモノハ其府県ニ於テ教員タルモ妨ケナシ」(第38条)による。戦前においても免許状主義が前提であり,これを支えたのが師範学校であった。

師範学校では卒業と同時に免許状が授与され,教師としての服務が義務づけられ,前述のように入学も学校生活も閉鎖的であった。そして,画一化された内容・方法によって,太平洋戦争の終了まで「師範タイプ」と呼ばれる,型にはまった教師を生み出すことになった。師範タイプとは,「着実性,真面目,親切などがその長所として評価される反面,内向性,表裏のあること,すなわち偽善的であり,仮面をかぶった聖人的な性格をもっていること,またそれと関連して卑屈であり,融通性のきかぬことなどが世の批判を浴びて来た」[1]と厳しく批判される教師像であり,国家主義に立つ教員養成であったことが明らかである。

しかし,ここにも光と影があり,すべてが葬り去るべき欠陥だったわけではない。学費が全額公費負担だったことは,「貧しいが優秀」な者にとっては救いともなり,教師となることを自分の使命と感じる,教師愛豊かな人材を育てていたことも事実である。国家に奉仕する教育観は当然払拭すべきだが,『聖職の碑』[2]にみられるような「子どものためにすべてを注ぐ」普遍的な教師のあり方は,今日改めて強く求められているものでもある。

2 戦後の教員養成制度の理念

戦前の教育理念・教員養成理念の否定から始められた,戦後の基本理念は「免許状主義」と「大学における教員養成」の2点にある。

---

(1) 唐沢富太郎(1955)『教師の歴史—教師の生活と倫理』創文社,pp.55-56
(2) 新田次郎(1980)『聖職の碑』講談社。1913年に木曽駒ヶ岳集団登山で発生した遭難事件を題材に,校長をはじめとする教師たちを描いた小説である。

(1) 免許状主義

　免許法では,「教育職員は, この法律により授与する各相当の免許状を有する者でなければならない。」(第3条) とされ, 学校種, 教科等に応じた免許状を所持することが義務づけられている。これが相当「免許状主義」である。

　免許法制定当初の解説書では,「教育職員は一定の教養さえあれば誰にでも出来る, という考えが従来国民の常識の底に潜んでいたようである。(中略) このように教育職員は誰にでも出来るという一般の考え方は, 教育という仕事をくみし易しと見るに至らしめ, 他に然るべき仕事が見つからぬときはまあ教員にでもという選職の態度をとらせることにもなった」[3] と指摘されている。

　教師の仕事を専門的職業として確立するために, 将来指導することになる教科に関する知識・方法の習得だけでなく, 教育という営みに関する専門的な知識・技能をも獲得するという, 教育学の体系にもとづく学びを徹底し, 専門職であることを, 制度的にも保障したものである。戦前期の免許状とは, 理念的に大きく異なるものである。

(2) 大学における開放制教員養成

　師範学校が中等教育機関であったのに対し, 高等機関である大学で, 学問の自由に立って, 幅広い教養と専門的な学識を身につけた者が「教師になることができる」ところに意義がある。単に経験則に則るだけではなく, 大学の教育課程を修了したうえで, さらに教職に必要な単位を取得するという, 学問的探究を重視したということである。これも, 専門職の要件になる。そして,「開放制教員養成」の意義は, 閉鎖的だった師範学校の反省から, あらゆる一般の大学において教員免許状の取得を可能にすることにより, 多様な人材を確保しようとしたことにある。師範タイプからの脱却である。当初は, 所定の単位を修得さえすれば, どこの大学でも免許状が取得できるという, 文字どおりの「開放」制であったが, 1953年の免許法改正により現在の課程認定制度に変更され

(3) 玖村俊雄 (1949)『教育職員免許法同法施行法解説 (法律編)』学芸図書, p.11

た。

3　現在の教員養成制度の内容

(1) 開放制教員養成の現実

　全国の，どこの大学でも教師となることが可能だが，大学における教員養成の課程は，次の三つに大別できる（国立は正確には国立大学法人立，公立は公立大学法人立だが，国立，公立と略記する。また，学部・学科名は「教育」で代表させる）。

> ①国立の教員養成大学または教員養成学科
> 　　戦前の師範学校を母体とし，戦後学制改革によって大学となったものがほとんど。原則，師範学校の設置されていた都道府県ごとに置かれている。ここでは，卒業要件で免許状の取得条件を満たすことになる。ただし，これらの大学でも，いわゆる「ゼロ免」課程は，次の②のタイプになる。
> ②国公私立大学の教育学部や教育学科
> 　　学部・学科の専門科目として教育学関係科目や免許状科目が多く開設されているので，それらを履修し，さらに必要な科目を，一般に「教職課程」と呼ばれる課程において履修する。
> ③上記①，②以外の国公私立大学のあらゆる学部・学科
> 　　学部・学科の専門科目のなかで免許状取得に必要な科目を履修したうえで，「教職課程」で卒業要件とは別途のものと開設される「教職に関する科目」「教科に関する科目」などを履修するもの。私立大学に多く見られるタイプで「開放制」は強いが，学生にとっては時間的な制約が大きい。

　次ページの表4.1は，免許状の種類別に認定された課程を有する大学等の数を示したものである。70％ほどの大学等が課程認定を受けていて，多数の免許状取得者が輩出されていることがうかがえる。

　ただ，小学校教諭と特別支援学校教諭（盲学校・聾学校・養護学校）の免許状認定課程は国立大学の比重が高い。これは，免許状要件を満たすカリキュラム編成とスタッフの確保には，大学としての負担が大きいという事情による。「開放制」の原則だが，まったくの自由に委ねられているのではなく，大学による教育条件のちがいが教員養成を左右していることがわかる。

表 4.1 免許状の種類別の認定課程を有する大学等数

区分		大学等数	認定課程を有する大学等数		免許状の種類別の認定課程を有する大学等数							
					小学校	中学校	高等	盲学校	聾学校	養護学校	幼稚園	養護教諭	栄養教諭
大学	国立	83	77	(93.8%)	51	70	77	5	9	51	49	21	5
	公立	73	42	(57.5%)	2	31	38			1	4	13	8
	私立	548	435	(79.4%)	50	376	427			43	83	34	77
	計	704	554	(78.7%)	103	477	542	5	9	95	136	68	90
短期大学	国立	10		(0.0%)									
	公立	42	14	(33.3%)		10					8	1	4
	私立	436	257	(58.9%)	33	136				1	204	22	69
	計	488	271	(55.5%)	33	146	0	0	0	1	212	23	73
合計		1192	825	(69.2%)	136	623	542	5	9	96	348	91	163
大学院	国立	87	80	(92.0%)	51	73	80	5	10	50	50	20	1
	公立	62	31	(50.0%)	1	26	29				1	5	3
	私立	409	289	(70.7%)	27	243	285			4	29	11	5
	計	558	400	(71.7%)	79	342	394	5	10	54	80	36	9

出所）文部科学省ホームページ「免許状の種類別の認定課程を有する大学等数（2005年4月1日時点）」より作成

(3) 免許状取得の基準

1988年の免許法改正以降の教員免許状の基本的な種類は，表4.2に示した。普通免許状では，基礎資格を満たして卒業するとともに，「教科に関する科目」「教職に関する科目」「教科または教職に関する科目」および「特別支援教育に関する科目」のそれぞれを，表4.3に示した規定による単位数以上修得しなければならない。

「教科に関する科目」と「教職に関する科目」の詳細は，免許法施行規則に規定されている。法令に当たるとともに，各大学の「教職課程履修要項」等で確認してほしい。「教職に関する科目」の内容は，2010年度の入学者から適用されている現行規定を次々ページの表4.4に示してある。

「教育実習」の単位のうち1単位は，大学における事前事後指導にあてられ，また取得しようとする学校種校だけではなく，隣接校種校を実習校にすること

表 4.2 教員免許状の種類

普通免許状	専修免許状：基礎資格は修士の学位 （大学院修士課程修了程度）		学校種別に，幼稚園教諭（全領域を担当），小学校教諭（全教科を担当），中学校教諭（教科別に担当），高等学校教諭（教科別に担当），特別支援学校教諭（領域別に担当）。 すべての都道府県で有効。（ほとんどの教員が所持。高等学校には二種はない。）
	一種免許状：基礎資格は学士の学位 （4年制大学学部卒業程度）		
	二種免許状：基礎資格は短期大学士の学位 （短期大学卒業程度）		
特別免許状	免許状を有しないが，優れた知識経験を有する社会人を，学校現場に受け入れるため授与される免許状。担当教科に関する専門的知識技能などが授与条件。		授与を受けた都道府県内のみで有効。
臨時免許状	普通免許状の所有者を採用できない場合に限り，例外的に授与される助教諭の免許状。		授与を受けた都道府県内のみで有効。有効期限は3年。

表 4.3　免許法第5条別表第1関係（2008年）

区　分	幼稚園			小学校			中学校			高等学校		特別支援学校		
	専	1	2	専	1	2	専	1	2	専	1	専	1	2
教　科	6	6	4	8	8	4	20	20	10	20	20			
教　職	35	35	27	41	41	31	31	31	21	23	23			
教科又は教職	34	10		34	10	2	32	8	4	40	16			
特別支援												50	26	16
合　計	75	51	31	83	59	37	83	59	35	83	59	50	26	16

も可能となっている。

　さらに，文部科学省令で定める科目として，「日本国憲法，体育，外国語コミュニケーション，情報機器の操作に関する科目」を，それぞれ2単位ずつ修得しなければならない。また，「小学校及び中学校の教諭の普通免許状授与に係る教育職員免許法の特例等に関する法律」（1996年）により，小，中学校（義務教育学校）の免許状を取得するためには，特別支援学校および社会福祉施設などで最低7日間の「介護等の体験」が必須とされている。

　免許状取得のためには，多岐にわたる多くの学びが求められていることがわかる。曖昧な気持ちで臨むことはできないことを，改めて確認したい。しかも，

表 4.4　免許法施行規則第 6 条表関係（2008 年）

欄	教職に関する科目	左記科目に含めることが必要な事項	幼稚園 専	幼稚園 1	幼稚園 2	小学校 専	小学校 1	小学校 2	中学校 専	中学校 1	中学校 2	高等学校 専	高等学校 1
2	教職の意義等に関する科目	(1) 教職の意義及び教員の役割	2	2	2	2	2	2	2	2	2	2	2
		(2) 教員の職務内容（研修，服務，身分保障等を含む。）											
		(3) 進路選択に資する各種の機会の提供											
3	教育の基礎理論に関する科目	(1) 教育の理念並びに教育に関する歴史及び思想	6	6	4	6	6	4	6	6	4	6	6
		(2) 幼児，児童及び生徒の心身の発達及び学習の過程（障害のある幼児，児童及び生徒の心身の発達及び学習の過程を含む。）											
		(3) 教育に関する社会的，制度的又は経営的事項											
4	教育課程及び指導法に関する科目	(1) 教育課程の意義及び編成の方法				22	22	14	12	12	4	6	6
		(2) 各教科の指導法											
		(3) 道徳の指導法											
		(4) 特別活動の指導法											
		(5) 教育の方法及び技術（情報機器及び教材の活用を含む。）											
		(1) 教育課程の意義及び編成の方法	18	18	12								
		(2) 保育内容の指導法											
		(3) 教育の方法及び技術（情報機器及び教材の活用を含む。）											
	生徒指導，教育相談，進路指導等に関する科目	(1) 生徒指導の理論及び方法				4	4	4	4	4	4	4	4
		(2) 教育相談（カウンセリングに関する基礎的な知識を含む。）の理論及び方法											
		(3) 進路指導の理論及び方法											
		(1) 幼児理解の理論及び方法	2	2	2								
		(2) 教育相談（カウンセリングに関する基礎的な知識を含む。）の理論及び方法											
5	教育実習		5	5	5	5	5	5	5	5	5	3	3
6	教職実践演習		2	2	2	2	2	2	2	2	2	2	2
	合　計		35	35	27	41	41	31	31	31	21	23	23

より強化する方策が進められている。

4 近年の教員養成に関する制度改革とこれから

(1) 1988年免許法改正

普通免許状を，それまでの1級・2級の二段階から，専修・一種・二種の三段階に細分化した。二種の者は，標準とされる一種の取得を促され，大学院での高度な専門性（専修）も期待されることになった。

また，このときの改正では，普通免許状取得のために必要な教科および教職に関する科目が，それ以前に比べて大幅に増加している。履修学生に対して，早くに教師となる意志を固めるように求めたのである。いっぽうで，1986年の臨時教育審議会第二次答申が，「社会人の活用を図り，学校教育を活性化するため，都道府県教育委員会で認定できる特別の免許状を創設する。また，非常勤講師については，免許状を有さなくても教科の一部領域に係る授業を担当し得るよう免許制度上の特別措置を講ずる」と提言したのを受け，「特別免許状制度」と「特別非常勤講師制度」が創設された。

(2) 1998年免許法改正

教科に関する科目よりも，教職に関する科目のウエイトを高めた一環として，「教職の意義等に関する科目」と「総合演習」が新設され，中学校における教育実習の修得単位が2単位増加された。

前回改訂で創設された「特別免許状制度」と「特別非常勤講師制度」は，より規制が緩和された。免許状取得の要件を引き上げ，一層教職の専門性を強化する一方で，社会人活用のためには教員資格の弾力化を図り門戸を広げるという，制度的整合性を問われる問題を含んだものであった。

(3) 2008年免許法改正

第一の要点は，「教職実践演習」の新設である。教育実習を終え，免許状取得

に必要な科目の履修がほぼ完了した，大学4年次後期と開設期も指定された。実践的指導力と教職への確固たる意志を検証し，教師の資質・力量を担保しようとするものである。しかし，この科目のために，前回新設の「総合演習」は必修から外されることとなり，政策の一貫性が問われることにもなる。

　第二は，免許状更新制度の導入である。免許状に10年間の有効期限を設け，更新講習の受講と試験により更新するもので，2009年度から実施された。しかし，政権交代の際，一度は2010年度をもって廃止との方針が示されるなど，「教育は国家百年の計」は建て前でしかなく，教育政策の揺るぎがある。

(4) 現状とこれからの課題

　2012年8月28日に，新たな教員養成の方向性として，中央教育審議会が「教職生活の全体を通じた教員の資質能力の総合的な向上方策について」を答申した（概要は図4.1を参照）。通常は，答申から2年程度で実現するものだが，まだ具体的な制度設計と法案などは示されていない。

　現在の教職課程が過飽和状態であり，教育実習も最低期間での実施にとどめざるをえないことを考えれば，「ゆとりある教員養成」により，「学び続ける教師」への土台固めをすることは大切なことである。しかし，2008年度から始動した教職大学院も全国で25大学にすぎず，修了者も少ない段階であり，2013年度からは「教職実践演習」が実施されたというなかで，また新しい制度をというのでは，拙速の危惧を免れない。諸外国の教員養成は大学院レベルでなされているとか，修士の学位があれば箔がつくなどとの理由では説得力を欠く。

　さらに，2015年5月12日には，自民党の教育再生実行本部が，「教員免許を国家資格化する」提言をまとめている。国家試験に合格後，1～2年の研修を経て国が免許を与えることが考えられている。これも含めて，今後の見通しは流動的である。今後の成り行きを注視しなければならない。

　免許状や教員養成そのものではないが，「チーム学校」の構想も示されている。学校を，教師だけが担うのではなく，スクールカウンセラーやスクールソーシャルワーカーなど資格をもつ専門スタッフなども加えて役割分担をし，教師が

教職生活の全体を通じた教員の資質能力の総合的な向上方策について（答申）の概要

現状と課題

◆グローバル化など社会の急速な進展の中で人材育成像が変化しており、２１世紀を生き抜くための力を育成するため、思考力・判断力・表現力等の育成など新たな学びに対応した指導力を身に付けることが必要
◆学校現場における諸課題の高度化・複雑化により、初任段階の教員が困難を抱えており、養成段階における実践的指導力の育成強化が必要

改革の方向性

教育委員会と大学との連携・協働による教職生活の全体を通じた一体的な改革、新たな学びを支える教員の養成と、学び続ける教員を支援する仕組みの構築（「学び続ける教員像」の確立）が必要

教員養成の改革の方向性：教員養成を修士レベル化し、高度専門職業人として位置付け

教員免許制度の改革の方向性：
「一般免許状（仮称）」、「基礎免許状（仮称）」、「専門免許状（仮称）」の創設
一般免許状（仮称）：探究力、新たな学びを展開できる実践的指導力、コミュニケーション力等を保証する、標準的な免許状。学部4年に加え、1年から2年程度の修士レベルの課程での学修を標準。
基礎免許状（仮称）：教職に関する基礎的な知識・技能を保証。学士課程修了レベル。
専門免許状（仮称）：特定分野に関し高い専門性を証明。（分野は、学校経営、生徒指導、教科指導　等）

※「基礎免許状（仮称）」取得者が「一般免許状（仮称）」を取得する段階は、（ⅰ）採用前に取得、（ⅱ）採用後の初任者研修と連携した修士レベルの課程の修了により取得、（ⅲ）採用後一定時期のうちに修士レベルの課程等での学修により取得を想定

◆多様な人材の登用の促進　　◆授業料減免や奨学金の活用等による学生の経済的負担の軽減について留意
◆教員免許更新制については、詳細な制度設計の際に更に検討
◆詳細な制度設計の際は、幼稚園教諭等、学校種や職種の特性に配慮するとともに、国公私の設置形態に留意

当面の改善方策　～教育委員会・学校と大学の連携・協働による高度化

修士レベル化に向け、修士レベルの課程の質と量の充実、教育委員会と大学との連携・協働等、段階的に取組を推進。主要な取組は、教育振興基本計画に盛り込む。

養成段階

（学部レベル）
◆学校現場での体験機会の充実等によるカリキュラムの改善、いじめ等の生徒指導に係る実践力の向上
◆課程認定の厳格化等質保証の改革

（修士レベル）
◆教職大学院制度を発展・拡充し、全ての都道府県に設置を推進
　（現状:25大学（20都道府県）815人）
◆いじめ等の生徒指導に係る事例やノウハウの集積等、教育研究の充実
◆大学院設置基準の大括り化等
◆専修免許状の在り方の見直し
　（一定の実践的科目の必修化推進等）
◆学習科学等実践的な教育学研究の推進
◆柔軟かつ多様な大学間連携の推進

採用段階

◆大学での学習状況の評価の反映等選考方法の一層の改善

教育委員会・学校と大学の連携・協働

多様な人材の登用

◆社会人、理数系、英語力のある人材等多様な人材が教職を志す仕組みの検討

初任段階

◆教育委員会と大学との連携・協働による初任段階の研修の高度化
◆初任段階の教員を複数年にわたり支援する仕組みの構築

現職段階及び管理職の段階

（現職段階）
◆教育委員会と大学との連携・協働による現職研修のプログラム化・単位化の推進

（管理職段階）
◆マネジメント力を有する管理職の職能開発のシステム化の推進

グローバル化への対応
◆教員を志望する学生の海外留学を促進

特別支援教育の専門性向上
◆免許法認定講習の受講促進等の取組により、特別支援学校教諭免許状の取得率の向上

学校が魅力ある職場となるための支援、改善を進める上での留意事項
◆教員に優れた人材が得られるよう、教員給与等の処遇の在り方の検討や教職員配置など教育条件を整備
◆先導的取組を支援するための事業の実施、大学院への派遣の促進や初任者研修をはじめとした教員研修のより一層効果的な取組を推進するための研修等定数の改善、効果的な活用等の支援が必要

図 4.1　「教職生活の全体を通じた教員の資質能力の総合的な向上方策について」（概要）
出所）文部科学省「平成 24 年 8 月 28 日中央教育審議会答申」リーフレット，p.22

子どもの指導に専念できるようにするというものである。教師の過重労働軽減の視点からはよいだろうが，多様な「専門家」の協働が図れるのかなど，問題も多い。

いずれにしろ，「高度に」を修士レベルや資格ということにばかり目を奪われていては，「専門職」教師としての，本当の役割が損なわれることになりかねない。寺子屋教育への教職課程履修学生の声を紹介しておく。

> 今の教師は生徒から見ても疲れていて，機械化しているところがあるなと，感じるところがあります。今には無くて江戸時代には当たり前のようにあった，教える対象の子どもへの「愛」が必要なのではないか，と思いました。因みに，私が高校生の時に通っていた学習塾は「寺子屋」と呼ばれていました。寺子屋の様に小学生から高校生までわいわい楽しく学ぶことができ，先生は大学生でしたが，「愛」があったのかなと思いました。　　　　　　　　　　（日下亜美）[4]

制度を整え，より高い学び（学部よりも大学院へ）をすれば，よい教師が育つというわけではない。寺子屋教育に，ここで言及はできないが，小さな，素朴な学校（塾）で，教師（師匠）は教員養成も受けず，資格ももたない個人であった寺子屋が，近代以降の教育を支える成果をあげていた。現在の，個人経営の「学習塾」や「フリースクール」のようなものだったからと，看過してはいないだろうか。今また，「学校教育法」第1条に規定された正規の学校だけではなく，フリースクールなども法的に認定する動きが出ている時代なのである。

免許法の改正を表面的に追い，それを実現しようとするだけではなく，「専門職の教師」は何をするべきなのかをこそ問う必要があるのではないだろうか。現状に多くの問題や，制度的欠陥があることは見逃せない。開放制の理念は，本当に生かされているのか，教員養成に関して国の関与が拡大されてはいないかなど，戦後教員養成のあり方を，改めて検証するべき時期にいたっていることは事実である。あまりにも「速く」，「経済原理に沿う」改革の動きには，十分に注意を払わなければならない。

---

(4) 2015年度成蹊大学文学部1年。前期「教職研究a」における授業レポートから（2015年6月25日）。

参 考 文 献

久富善之編著（2008）『教師の専門性とアイデンティティ―教育改革時代の国際比較調査国際シンポジウムから』勁草書房

TEES 研究会編（2001）『「大学における教員養成」の歴史的研究―戦後「教育学部」史研究』学文社

日本教師教育学会編（2002）『教師とは―教師の役割と専門性を高める』（講座教師教育学第1巻）学文社

日本教師教育学会編（2002）『教師をめざす―教員養成・採用の道筋をさぐる』（講座教師教育学第2巻）学文社

第5章 学級経営と教師の力

　大学入学までに，みなさんの多くが12回，学級という集団を体験した。幼稚園も含めると，さらに多くなろう。そのどれもが，自分で選び，希望したものではない。「偶然の出会い」だったはずである。担任の教師もまた同じである。偶然であり，宿命ともいえるだろう。まさしく，「一期一会」の場なのである。
　「学校や学級は楽しいところ」「今日もあの仲間たちのいるクラスに行きたい」と思うことができる場でありたい。それが，学級経営という教師の仕事に課せられた使命である。学校という組織のなかで，一匹おおかみのような独走は許されまい。周到な計画である「学級経営案」ももたなければならない。しかし，そのような管理や技術が優先するわけではない。

1　学級という「空間」　―居間と居場所―

(1) 学級と家庭の比較

　学級は「クラス (class)」や「組」とも呼ばれ (本章では「学級」に統一)，高等学校では「学校における生徒の基礎的な生活集団として編成」(「高等学校学習指導要領」)されたものとして,「ホームルーム (homeroom)」も用いられる。中・高等学校では，集団をさす用語としてとともに，そこでの活動時間もさし，時間割では「HR (ホームルーム)」と略記されることが多い。学級には，一定人数の児童・生徒 (「小学校設置基準」「中学校設置基準」「高等学校設置基準」および「公立義務教育諸学校の学級編制及び教職員定数の標準に関する法律」により，小学校1学年は35人以下，2学年から中・高等学校は40人以下が原則とされている) と，担任として，子どもとの接触を密にしながら指導に当たる教師が配置される。副担任と二人で担当という場合や，担任群としての複数の教師が，一つの学年を担当する例もあるが，多くは「1学級に一人の担任教師」である。

　いっぽう，**家庭** (ホーム：home) とは，親族関係にあって生活をともにする集団である家族の生活の場である。現在は夫婦とその未婚の子どもで構成される「核家族」が主流であるが，家族観の多様化にともなって変化が著しい。核家族で考えれば，親がいて，その保護の下におかれる子どもがいるのが，一般的な家庭であろう。「一つ屋根の下で，寝食をともにする」場である。しかし，子どもには親を選ぶことはできない。偶然の運命的な出会いである。

　かつては，「サザエさん」が典型的なように，2世代，3世代が同居し，ちゃぶ台 (和室の食卓) を囲んで食事をするのが，どこでも見られる光景だったが，これはもはや昭和の郷愁になってしまった。朝食も夕食も，家族が全員そろうことはなく，それぞれの時間に，勝手に食事をする (個食，あるいは孤食) ことも珍しくはない。会話を交わすことも少なくなり，家庭内でもスマホやSNSもある。親は無条件で，無報酬で，子どもを全面的に受容し，愛情を注ぐという前提も揺らいでおり，虐待やネグレクトに苦悩する子どもが増えている。こうした家庭の変容は，同時代の学級とも決して無縁ではない。

(2) 居間と，学校・学級での居場所

　家族が，家庭において一家団欒を楽しみ，うちとけて寛ぐ部屋を「居間」(livingroom) と呼ぶ。ほぼ同じような意味で「茶の間」も使われる。家族のメンバーにとって，ここは気が置けない居心地のよい場であり，さまざまな情報交換の場でもある。これが家庭での「居場所」である。いま，その居場所が見いだせなかったり，もっぱら個室内がそれにあてられたりしている。

　学級でも同様のことがいえる。「いじめ」や「不登校」などの問題の深刻化を受け，文部省（当時）の「学校不適応対策調査研究協力者会議」(1992) は，「学校が子どもにとって自己の存在を実感でき，精神的に安心できる場所（心の居場所）となることが重要」だと強調したが，学校も，その基本である学級も必ずしも「安心・安全な子どもの生活と活動の拠点」とはなっていない。例外的ではあっても，教師による体罰も，依然としてゼロにはならない。

　学級における教師は，いわば親に相当する立場で，誰にも居場所となることを保証し，「親身」になって子どもに接し，生命を守り保護し，指導にあたるものである。この原則を，改めて重く受け止めなければならない

2　学級経営の意義と実践

　学級経営とは，「教室の環境を整備し，学級の子ども集団を教育目的の実現に向けて効果的に取り扱う教師の仕事」[1]とされる。それは，学校としての教育目標・経営方針にもとづき，学年としての方針を共有しつつ，各学級ごとに「学級経営案」として作成されるものに沿って実施される（この「重層性」については，第7章参照）。具体的な内容としては，以下のものが含まれる。

a）学級経営の計画…学級目標の作成・学級経営の立案・学級組織の編成など
b）教室環境の整備…学習のためのアメニティー空間の構成（照明や温度等の最適化）・教材，教具の配置など

---

[1] 浦野東洋一（2013）による。平原春好・寺﨑昌男編『新版　教育小事典』学陽書房，p.41

> c）学習指導…………学習意欲を高め，学習への刺激を与える指導・個に応じた指導など
> d）生徒指導…………生活指導・生徒理解・教育相談・進路相談など
> e）学級集団の形成…学級の雰囲気や望ましい人間関係づくりなど
> f）家庭との連携……保護者との連携・「学級通信」の発行・授業公開・家庭訪問など
> g）学級事務…………表簿の整理・備品の保全と管理・学級費の徴収や管理など

　これらを，PDCAのサイクルで循環させながら，担任教師の創意と工夫によって，個性豊かな学級経営を行うことが求められる（PDCAサイクルについては，第7章参照）。

3　一人のために・みんなのために

(1) 見ること・気づくこと

　学級経営にとって重要なことは，一人ひとりの子どもを「丁寧に見る→見続ける→見切る」ことを，繰り返して行うこと，それを通して「感じること・気づくこと」である。この見る力と感性とが，教師にとって不可欠である。「いじめ事件」が起こるたびに，「気づかなかった」「感じてはいなかった」と弁明し謝罪をする姿を，誰も見たいとは思っていない。
　アメリカの女性海洋生物学者レイチェル・カーソン（1965）は，『センス・オブ・ワンダー（The Sense of Wonder）』で，「感じる」ことの重要性を指摘し，「子どもたちがであうひとつひとつが，やがて知識や知恵を生みだす種子だとしたら，様々な情緒や感受性は，この種子をはぐくむ肥沃な土壌です」[2]と述べている。子どもに育みたい感覚は，教師にも求められる。「子どもの不思議さ・すばらしさ」への気づき，つまり「センス・オブ・ヒューマン」が必要なのである（第3章冒頭も参照）。
　「見る」といっても，全般的に見るだけではなく，「何を，どう考えているの

---

(2)　レイチェル・カーソン／上遠恵子訳（1991）『センス・オブ・ワンダー』佑学社，p.23

か」を正確につかむため，観察眼をもって「観る」もあれば，対象をしぼって凝視するように「視る」もある。心の奥を探るように「診る」こともあるだろう。ただ眺めていればみえてきて，気づくわけではない。また，一人の子どもを時系列でみることも必要である。変化を見るのである。こうして，見て気づき，感じたことは，拙速に結論づけずに，欠かさずにメモ的に記録して，振り返りつつ考察することが必要である。

(2) 際立って個性豊かな子ども

　プラスの意味でもマイナスででも，「目立った」行動の子どもは目につきやすい。よい行動は褒めればよいし，学級全体で喜ぶこともできる。問題となるような行動がみられる場合はどうするのか。ここでは，「一般論」を述べることしかできないので，実際には，臨機応変に個別具体的な対応をしなければならないが，二つの原理が指摘できる。

　一つは，「褒めて育てる」原則。カウンセリングマインドである，肯定的受容・共感的理解をもって，子どもを受け止めることが大切である。子どもの話は，時間がかかってもすべて聞き取る。途中で，教師の解釈を差しはさんだり，「だからいつも言っているのに」の類の科白は禁句。そのうえで，子どもの発言などからよい点を見いだして先行させる。注意は簡潔・明瞭で一回だけ言えばよい。

　しかし，「人の生命にかかわるとき」と「他人の心を傷つけたとき」は，厳しく叱らなければならない。体罰は論外だが，力づくででもの場合もある。ただし，「叱る」のであって，感情に任せて「怒る」のではない。

　二つ目は，一人のことに局限せず，学級全体の問題に還元させること。一人の突出した行動であっても，それが，何もしないでいる多くの子どもたちの潜在的意識（本音）を象徴していることがある。この見極めは，日ごろの学級をよくみることによるものである。

(3) 発達障害をもつ子ども

　文部科学省の，全国の公立小中学校対象の調査結果（2015年度）では，「通常の学級で学び，一部で通級指導を受ける子どもは，計7万7882人で，初めて7万人を超えた前年度に比べて6000人以上も増加した（図5.1）。「自閉症・学習障害（LD）・注意欠陥多動性障害（ADHD）」を発達障害と呼ぶが，この5年間でも3倍以上に増加している。さらに，通級ではなく，通常の学級に配属され「普通の子ども」と見なされる者が，通級配属者の10倍にも及ぶのではないかと推定されている。こちらも増加傾向にある。

　「介護等の体験」で，わずかに2日間の特別支援学校（養護学校）での経験しかなく，特別支援教育についての学びの乏しい，一般の学級担任は，こうした発達障害をもつ子どもたちとも，正面から向き合い，適切な指導が求められる。行政は，サポートスタッフの拡充を検討している。しかし，十分には期待できないだろうし，そうしたスタッフとの連携を図りつつも学級担任の責任は重い。だからといって，そのほか大勢の子どもたちを「待たせる」わけにも，「放って

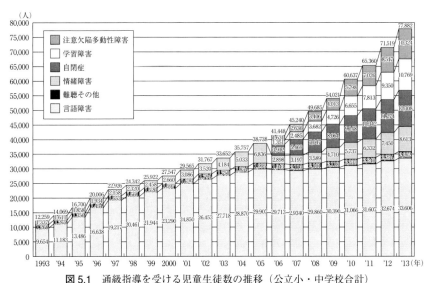

図 5.1 通級指導を受ける児童生徒数の推移（公立小・中学校合計）

出所）文部科学省（2015）「放課後等の教育支援の在り方に関する資料　データ集」より作成

おく」わけにもいかない。学校全体がかかえる問題であるが，学級経営にとっても，今日的な重要課題である。

4 家庭と地域の教育力

　子どもは，いうまでもなく，学校でだけ教育され育てられているわけではない。家庭で生まれ，育てられ，地域でも見守られるのが，本来的な姿である。しかし，今では家庭と地域の教育力は衰退し，脆弱になっている。だからといって，学校がすべてを請け負うことはできない。

　家庭教育については，教育基本法第10条に「父母その他の保護者は，子の教育について第一義的責任を有する」と規定されている。それを念頭において，「ともに教育する」原理を疎かにしてはいけない。細かな出来事も，伝え合い・協力し合う関係づくりに努めたい。とくに，若い教師にとっては，教育者としては長けていても，人生では父母（保護者）が先輩であり，子育ての経験者でもある。「上から見下ろす」のではなく，「聞き・学ぶ」意識で臨みたいものである。初めての保護者会，学級懇談会などのときの「出会い」が重要である。もちろん，児童虐待などが懸念される場合は，迅速・適切な対処をしなければならないことはいうまでもない。

　地域との関係も同様である。かつて学校は，地域の核であった。学芸会や運動会の果たしてきた役割を考えればわかるだろう。地域の教育力の再生のためにも，人間関係の回復のためにも，学校への期待は大きい。私立学校も，地域が通学圏というわけではないが，地域と無縁ではない。歴史のある学校であれば，地域のシンボルであるところも多い。甲子園の高校野球の応援を見れば，公私を問わず，同窓生ではない地域の人たちも盛んに声援を送っている。

　学級経営のために，「地域を知る」ことは欠かせない。子どもたちの通学路の環境を，教師は知っているだろうか。電車やバスなどの交通機関の様子を知っているだろうか。学校近くの商店に立ち寄っているだろうか。教室ではわからない子どもの姿が，そこにはある。学校ホームページの充実や学校公開よりも，

日常の関係こそが，教師も子どもをも支える力となる。「交通安全」や，事件の被害に遭わないための「生活安全」も，このような日頃の心がけが重要である。些細なことから，地域の教育資源（人材もモノも）を発見・発掘することも多い。

5　ネット時代でも「学級通信」

　今日の社会は，インターネットが浸透している時代である。メールでのやりとりも当たり前である。緊急時連絡も含めて，これらを，おおいに活用するべきである。しかし，それだけがすべてではない。あらゆることをICTに委ねてもいけない。それを実証する「場」の一つが「学級通信」である。

(1) 学級通信の意義

　「学習計画や行事の予定，提出物など重要な情報の伝達」「子どもの学校生活の様子や成長してゆく姿の紹介」など，多様な内容が盛り込まれるが，大きな意味をもつのは，「学級担任である教師の『思い』や価値観の伝達」である。生徒の姿に託して，教師の指導方針・子どもへの期待や願い・今，気になっていることなどを，「読む人（子どもと保護者）の心に届き・響く」ように伝えるには，時代を超えて有効なメディアである。「学習指導要領」が「言語活動」を重視している実例にもなる。何よりも，「学級通信」を家庭での話題にし，学校・学級を共有できること，担任教師を身近に感じさせ，保護者との信頼関係を深めることができることが貴重である。次ページに2年目に入ったばかりの教師の「学級通信」を掲出した（2013年度昭和女子大学生活科学部卒）。担任として，何を伝えようとしたのかを読み取ってほしい。

(2) 学級通信の留意点

　あらゆる文書作成に共通することではあるが，次の5点をあげておこう。

a) 主たる読み手を明確にする。ただし，子どもを対象にしたものであったとして

2年3組学級通信

一緒懸命！

No.2　2015年4月23日発行

◇学級目標決定！

Happiness is here!
〜一緒懸命・団結・絆・No.1〜

　学級目標は、上記のように決定しました。大テーマは「幸福・幸せがここに！」サブテーマは4つの言葉からできています。幸せな学校生活とはどんなものか？そのために自分ができることは何か？を日々考え、行動できると素敵ですね。

　学級通信のタイトルにも使わせていただいた「一緒懸命」。とても良い言葉です（自分たちで考えた言葉だそうです。　　　さんが教えてくれました。すごい！）。一緒に、懸命になれる。学校生活の醍醐味ではないでしょうか。ひとりではできないことも、仲間とならできます。懸命なら、不可能と思われることも可能にするでしょう。それが10代のエネルギーだと思います。学校は化学変化で、そのエネルギーは掛け算だなぁ、と3組のみなさんを見ているとつい考えてしまいます。組み合わせによって発揮できる力が違ったり、誰かが2倍、3倍の力を出せばそのぶん全体が大きなエネルギーになること。すごく面白いです。でも、掛け算ということは、誰かが力を出さない0のエネルギーで存在するなら、全体が0になってしまう。小数点以下の力は、他の人の頑張りを小さくしてしまう。だから、全員に2倍も3倍も頑張れ！とは言いません。が、最低でも1.1倍の力は出してください。少しずつでも「自分が出来る+α」が重なり合えば、3組はこの学級目標以上の「何か」を掴めます。そしてそれは、中学生の今だからこそ感じられるものです。「何か」は人によって形が違います。頑張った分だけ心に残るものです。

　この学級目標を大切にし、毎日を丁寧に過ごしていきましょう！

私がこの学級目標を持つ予定です。

着々と学級掲示物ができあがっています！

図5.2　中学校の「学級通信」の例

も，保護者も目にすることを前提として考える。
b) その号の発行目的を明確にする。あれこれと多くを求めすぎると，散漫になって結局は何も伝わらないことになる。
c) 新聞の「見出し」などを参考に，全文を読まなければ内容をつかめないような記述は避け，簡潔・明瞭でわかりやすい文章にする。誤字，脱字，変換ミスや文法上の誤りは，決してしない。
d) 子どもの活動場面の写真や，作品など視覚的な方法を用いるのは有効である。ただし，特定の子どもだけにならないように留意し，一年間に一度も登場しないことのないよう公平に扱う。個人のマイナス面の姿は掲載しない。
e) 「他人のことであっても，自分のことのように喜べること」「教師のひと言で，勇気づけられたり，やる気にさせられたりすること」などに力点をおくことで，教師の「前向きな姿勢」「熱い思い」を伝える。

「個人情報の保護」には十分留意しなければならないが，過剰に意識することで，教育的な意味や価値を消失させることのないようにすることも重要。一人ひとりを正しくつかみ理解することをせずに，よい指導をすることなどは，どんなベテラン教師であってもできないことである。そして，「学級通信」は教師力を判断する重要な手がかりともなる。知識以上に，心を尽くすことである。

6　1年間の財産づくりとなるように

　学級担任が，冷静に丹念に検討し，熱い思いと願いを込めた学級経営案に沿って，一年間の実践を行ってきた。PDCAサイクルの後半も，周到でなければならない。子どもが課題や達成目標を実現できたかを自ら評価させ，自ら成長の証を具体的な活動で説明できるようにしなければならない。教師の方は，一人ひとりの子どもの目標達成過程に，適切な指導と配慮ができたかを反省・評価しなければならない。これが，「指導－評価」の一体化であり，評価結果を「報告書」にまとめれば終わりなのではない。このとき，子どもとともに「一年間の財産」を確認できるはずである。

参 考 文 献

新谷周平（2004）『居場所づくりと社会のつながり』萌文社
森川正樹（2015）『できる先生が実はやっている　学級づくり77の習慣』明治図書
有田和正（2015）『名著復刻　楽しい教室づくり入門』明治図書

第6章 就学前の教育

1 就学前の教育機関

　現代の子どもは就学前になんらかの集団生活を経験していて，家庭から直接入学する例は少ない。教職をめざすみなさんも幼稚園か保育所のいずれかに通っていたと思われる。満3歳以上の幼児が通う幼稚園は，学校教育法（第1条）に定められた学校であり教育機関である。保育所は，児童福祉法（第39条）に基づき0歳から小学校就学の始期までの保育に欠ける子どもの保育を行う児童福祉施設の一つである。

　これまで就学前の子どもがいる母親は離職する例が多かったが，男女共同参画社会となり，昨今では両親共に外に仕事をもつ家庭が増加している。いっぽう，保護者の労働時間に合わせて子どもが長時間保育にならざるを得ない状況があったが，幼稚園は4時間，保育所は8時間とする原則を明記し，保護者のワークライフ・バランスを促す動きも生まれてきた。そうした社会の動向をふまえて，新たな就学前の教育機関が誕生した。

　2015（平成27）年度から「就学前の子どもに関する教育，保育等の総合的な提供の推進」をめざして「幼保連携型認定こども園」が発足した。改訂認定こども園法第2条第7項において，幼保連携型認定こども園の設置目的は，「この法律において『幼保連携型認定こども園』とは，義務教育及びその後の教育の基礎を培うものとしての満三歳以上の子どもに対する教育並びに保育を必要とする子どもに対する保育を一体的に行い，これらの子どもの健やかな成長が図られるよう適当な環境を与えて，その心身の発達を助長するとともに，保護者に対する子育ての支援を行うこと」と規定されている。

　幼稚園では幼稚園教諭免許状，保育所では保育士資格が必要であり，幼保連

携型認定こども園では幼稚園教諭免許状と保育士資格を併有する「保育教諭」の配置が求められている。しかし，幼稚園または保育所で働く現任職員のすべてが両資格を有しているわけではない。そこで「幼保連携型認定こども園」への円滑な移行を推進するため2019（平成31）年までの間，両資格の取得の特例制度が設けられている。そこで，この「教職論」においては，学校教育としての幼稚園教諭免許状に主軸をおき，幼保連携型認定こども園における「満三歳以上の子どもに対する教育並びに保育を必要とする子どもに対する保育」の考えを加味していくこととする。

2　就学前の教育の原理

「幼児教育の父」といわれるフレーベル（1782-1852）は世界で初めてドイツに幼児教育施設 Kindergarten（キンダーガルテン）をつくった。キンダーは子ども，ガルテンはガーデンすなわち庭，庭園，花園の意味である。フレーベルは植物の栽培の原則と人間の教育の原則は共通であるととらえ，教師は園丁の役割を果たすことが重要であると述べている。つまり，庭でさまざまな植物が園丁の世話を受けながら，その植物が本来もっている性質に従って生長していく姿が幼児教育の原理であると説いているのである。Kindergartenは，日本語では「幼稚園」と訳されている。保育所は通称の保育園と呼ばれ，新たに発足した認定こども園でも「園」の文字が使われている。

　園という文字は，もとは果樹を植える畑を意味している。幼児を育てる営みは野菜や花よりも果樹を育てることに似ている。二十日大根はその名のとおり1ヵ月以内に収穫できる。手間を要する米でも春にまいた種が秋には実る。しかし，果樹はそうはいかない。収穫までには何年もかかる。果樹は，枝を伸ばし葉が茂るまでに長い時間を必要とする。そのため，数年間は水遣りや日当たりに心を配ったり，肥料や消毒を施したり，風雨を防いで添え木をしたりする。この間には実はおろか花さえ付けない場合もあるが，将来の豊かな実りを信じて裏方の世話をするのである。

幼児教育も同じである。早い時期に花や実を期待すると無理が生じる。教育基本法第11条には，「幼児期の教育は，生涯にわたる人格形成の基礎を培う重要なものであることにかんがみ，国及び地方公共団体は，幼児の健やかな成長に資する良好な環境の整備その他適当な方法によって，その振興に努めなければならない」と述べている。つまり，幼稚園および教師の役割は，今の成果を問うたり，先を急いだりせずに生涯を見通した教育であるとしている。幼児教育をめざす者は，まず園と園丁の意味を深く認識することが重要である。

3　幼児期の特性と保育

　就学前の教育は，対象が幼児であることから幼児教育と呼ばれることもあるが，一般的にはこの時期の発達の様相から「保育」と表現される。したがって，「先生」も「保育者」と呼ばれることが多い。これは，幼児の教育には養護の側面も含まれているからである。つまり，保育とは care and education であり，保護と育成ないしは養護と教育の両面を含む概念といえる。そのため両者を一つにしたエデュケア（edu-care）という造語が用いられることもある。

　ケアが必要だからといって，幼児を無力な存在とみることはふさわしくない。たしかにポルトマン（1897-1982）が表現したように「生理的早産」のような乳児期（生後1年未満）には，保護なくしては生存すら危ぶまれる。しかし，その成長ぶりは目を見張るものがある。幼児は身の回りのすべてのことに興味をもち，なんでも知りたがり，やってみようとする。幼児の生活は未知なことと未熟なことに満ちている。それらに怯んでいては現状にとどまってしまうが，幼児は果敢に挑戦し，繰り返し練習することで技術や知識を獲得していく。箸の持ち方，縄跳び，文字，描画など，最初はできなかったことや知らなかったことも繰り返し挑むことで身につけていく。自己教育力のなせるわざである。

　幼児は有能感に満ちている。得意げに呼ぶので見に行くと，鉄棒にぶら下がっただけの「ぶたのまるやき」を自慢したり，顔から直接手足が出ている「頭足人」の絵を「じょうずでしょ」と自信をもって見せに来たりする。幼児は人

から注目されたいと思うと同時に自分を表現したくて仕方がないのである。これが本来の幼児の姿である。

　しかし，その後に子どもは変わる。自信に満ちていた子どもが描いた絵を裏返しにして出すようになる。発言を求められてもじっと黙っているようになる。なぜ１回か２回失敗しただけで「できない」と諦めてしまうようになるのだろうか。始める前から結果を心配したり，他者と比較して劣等感を抱いたりするのはなぜだろうか。なぜ幼児期にもっていた有能感や自己肯定感が消えてしまうのだろうか。教育期間が長いほど子どもが無力感にとらわれていくのだとしたら，教育の意味を問い直さなくてはならないだろう。

　したがって教師は，生涯教育の基礎となる自己教育力，すなわち本来子どもがもっている未知未熟なものに果敢に挑む原動力となる有能感を保障し，よい意味での楽観性を「保ち育む」ことで，幼児期に有していた自己肯定感をもち続けられるようにすることが大切である。

4　環境による教育

　保育の基本は，幼児期の特性をふまえ環境を通して行うことである。すなわち，物的環境，人的環境のほか，その場が醸し出す雰囲気などを意図的，計画的に構成して，幼児の心身の発達を助長するのである。環境は目に見えるものだけではない。たとえば，その場が開放感を伝えているか，緊張を強いられるのか，乱雑な印象を受けるのかといった漂う気配も環境の要素である。そうした環境の印象を決めるうえで，保育者の果たす影響はとくに重要である。

　たとえば，砂場で遊んでいる子どもの様子を見ている保育者を想像してみよう。立って全体を見ているのか，腰を落として低い姿勢にしているのかによって印象がちがうだろう。さらに，同じ立っている場合でも，袖をめくり裸足になって砂場のなかにいる場合と，室内にいるときと同じ服装で立ち木を背もたれにしている場合では受け取る印象は異なる。保育者がどのような意図をもっているかが姿勢，表情，声，目線，服装，動きなどから滲み出ていくのである。

子どもとかかわる大人は，自分が意識するとしないにかかわらず，常に価値を発信していることに留意しなくてはならない。とくに園生活における保育者の一挙手一投足は，子どもの価値観をつくりだすうえで影響力が強いことを自覚する必要がある。大人は子どもが危険なことや不道徳なことをすると注意をする。そのため子どもは，大人が黙っているときは今自分がしていることはとりあえず続けてよいことであると判断する。たとえば，保育者が子どもの「いじめ」の実態を把握しようと，あえて指導を控えているような場面が「いじめの温床」になりかねないという意味である。保育者は子どもと場を共有しているときはニュートラルな立場にはなれず，常に子どもに価値を発していることを自覚しなくてはならない。

　また，環境は配置さえすればよいというものではない。たとえば，花壇が設けられていても世話がされていなかったり，反対に管理が厳しく子どもが触れることが許されなかったり，遊び場から離れた場所にあったりしたときには，子どもの興味をひかない。ところが，花壇に雑草が茂り昆虫や草花を自由に採集できるようになると俄然魅力的な環境に変わることもある。子どもの物理的視野は狭く，また経験も少ないため，せっかくの環境が「宝の持ち腐れ」になる場合も少なくない。

　環境は，そこに「在る」からといって気づかれなかったり，使われなければ環境にはならないが，保育者が話題にしたり子どもが関心を示したりすると，近隣の施設や遠足先，絵本や想像の世界までもが環境となる。環境の豊かさとは単に物理的な存在をさすのではなく，環境が子どもに能動的に働きかけるよう意図的に構成されているかどうかが重要なのである。

　幼稚園教育の大綱を定めている幼稚園教育要領において，環境とのかかわりは「関」「係」「拘」や以前に使われていた「渉」の字ではなく，「かかわり」とひらがなになっている。これは多様な姿が望まれるからである。たとえば，「拘」はこだわるとも読み，拘泥や拘束など何かに囚われて身動きできない様を表している。たとえば，子どもが巣に出入りするアリをじっと見ていたり，ほかの色では承知できず，どうしても赤いバケツが欲しいと泣き叫んだり，同じ絵を

何枚も描き続けるといった姿のことである。大人からすると「何がおもしろいのだろうか」「どうして融通がきかないのか」と呆れたり、嘆かれたりする姿こそが、幼児期の特徴であり、環境にかかわっている姿である。

　幼児が環境とかかわる姿は、時に危険を伴う。誤った使い方や自分なりの勝手な理解をすることもある。環境による教育とは、単に環境を用意すれば事足りるというものではない。環境にかかわる子どもの姿を適切に指導することである。適切とは「いま―ここ」が子どもにさらなるかかわりを促すか、反対にかかわりを中断させることになるかの判断をして、前者であるように指導することである。指導には援助や教示もある。禁止や説諭もある。共感、慰安、受容、庇護などもある。したがって保育者は、「適切」に近づけるために意図を明確にしたうえで、多様な方略を選択できる指導技術を身につけなくてはならない。

5　遊びを通した総合的指導

　幼児の生活のほとんどは遊びである。遊びの種類は豊富だ。紐を引く、水をまく、車に乗る、絵本を見る、虫を採る、絵を描く、友だちと鬼ごっこをするなどあげればきりがない。子どもは自分がしたい遊びに夢中になり、嫌になったらやめる。遊びは遊ぶこと自体が目的であって、成果や効率は問わない。遊びの本質は楽しさ、おもしろさ、主体性である。遊びを通して味わう満足感や充実感は希望や期待をもたらす。挫折感や葛藤は工夫や知恵を引き出す。幼児にとっての遊びは真剣そのものであり、重要な学習の場である。

　むずかしいことを成し遂げた達成感は、自らの成長を実感させ自信を生み出す。友だちと共有した遊びの醍醐味や親密感は子どもの心身の発達を促す。想像は世界を広げ社会性を促す。子どもは、遊びを通して運動能力や思考力を高め、言語や技術を獲得するのである。

　幼児期の能力は抽出的、個別的に発達するものではなく、諸能力が相互に関連しあって総合的に発達していくものである。たとえば、運動能力が高まると

行動範囲が広がり，友だちと積極的に遊ぶようになる。友だちと遊ぶなかでは意思疎通を図るための言語を学んだり，相手の気持ちを推し量ったりする体験が積み重ねられるといったように，さまざまな能力が連動して発達が実現する。
　このように幼児の発達が総合的に促されるものであるとともに，遊び自体も多様な種類や要素からなる総合的なものであるから，幼児期の発達にとって遊びの果たす役割は非常に大きい。それだけに，遊びには指導が必要である。
　とくに現代では，きょうだい数の減少や少子化に伴い，戸外の集団遊びの経験が減り，テレビゲームや室内の個別な遊びが中心になってきた。そのため園の遊びにおいても，子どもの自発的な興味に任せると描画や製作，アニメやゲームのキャラクターの遊びに偏ってしまう。そこで，保育者は自然物を使った伝承遊びや身体を動かす集団ゲームなどを積極的に取り上げて，遊びの幅を広げたり，関心を刺激したりする必要がある。
　いっぽう，遊びを指導するときには，保育者が「ひっぱりすぎない」ように留意しなくてはならない。これは，保育者自身の遊びの記憶が小学校以降の場合が多いため，「遊びを盛り上げる」ための指導が幼児の実態よりも高度になりがちだからである。たとえば，保育者が一緒なら可能な遊びも保育者がいなくなるとたちまち終わってしまうような状態をさしている。遊びは子どもの主体性が重要である。それには，子どもが遊びのどこにおもしろさを感じ，どのレベルを楽しんでいるのか実態を丁寧に把握し，今の能力や技術よりもほんの少し上の発達領域を刺激することが重要となる。なぜなら，子どもはできるかできないか，ぎりぎりのレベルに挑戦するときに一番おもしろさを感じるからである。
　子どもが環境にかかわって遊びを展開しているとき，保育者はこれが教育的な「活動」として位置づくかどうかを的確に判断しなくてはならない。子どもにとって遊びは大切であるが，すべての遊びが活動になるとは限らない。それが教育目標や育てたい子ども像と合致しているか見極めなくてはならない。子どもにとっては愉快な遊びであっても禁止したり制御したりするものもある。あるいは一時的な流行や退屈しのぎの行動であって，制止もしないが奨励もし

ない種類の遊びもある。そこで，継続的に取り組ませて，さらなる発展を期待する遊びは「活動」と呼称を変えて保育に位置づけ，意図的計画的に展開し，単なる遊びと区別する必要がある。

6 一人ひとりの発達の特性に応じる

　小学校において一定の年齢の子どもたちが1年生，2年生と呼ばれるように，幼稚園も学校の一つであることから年齢区分した子どもを学年で表す。年度初めに満3歳になった子どもの集団は「3歳児学年」，同じく満4歳，5歳をそれぞれ「4歳児学年・5歳児学年」と呼ぶ。あるいは簡略に年少・年中・年長と通称される場合もある。それぞれの子どもの生活年齢は年度の途中で増えるが，〇歳児学年の表現は「学齢」と呼ばれ，その年度の終了まで変わらない。したがって，就学前の生活年齢は6歳だが，学齢では5歳児学年となる。

　また，学年の前に3年保育4歳児とか，2年保育5歳児といったように「〇年保育」を付ける場合もある。これはその子どもの保育年数を表している。また，幼稚園は満3歳児から入園できるため，4月の新学期を待たずに保育を受ける子どももいる。この場合は学年がないため通称で「満3歳児」と呼ばれる。

　幼児の発達の姿は，大筋でみればどの幼児も共通した過程をたどると考えられ，また園は集団生活を体験するところに意味があるが，保育者は，同じクラスにいる子どもであっても一人ひとりの差が大きいことを念頭におかなくてはならない。たとえば3歳児クラスの4月生まれの子どもと3月生まれの子どもでは，およそ1年の差がある。3歳児にとっての1年は，じつに人生の3分の1に匹敵する。知識であれ技術であれ，経験年数が3分の1ちがっているときの習熟の度合いを想像してみればその差の大きさに気づくだろう。ましてやそれぞれ家族構成や生育歴が異なるため，行動の仕方や表現の仕方は一人ひとりがちがっている。そのため保育者は，クラス担任であっても「みんな」を相手にしているのではなく，一人ひとりちがう子どもが集まってクラスが構成されていることを心にとめておかなくてはならない。そのためにはまず，一人ひと

りの今の状態を受容し，その子どもなりの表現の仕方や行動の特徴を理解することである。とくに幼児は言葉による表現が未熟であって，自分の気持ちや考えを他者に伝えることが不得手であり，泣くことや暴力的な振る舞いも表現の一つであることに配慮しなくてはならない。したがって保育者は，現れる行動だけでなく，その背景になっている子どもの内面を推し量る努力をすることが大切である。

7　小学校との連携

　幼稚園では遊びを中心とした生活を通して指導を行うのに対し，小学校では時間割に沿って各教科を学習している。こうした幼稚園と小学校との生活や教育方法のちがいをまず十分理解することが必要である（表 6.1）。

　幼稚園の保育内容は「領域」として示されている。領域は，小学校の教科と混同されることが多い。たとえば，1989 年に小学校教科に新設された。生活科

表 6.1　幼稚園と小学校 1，2 学年の比較

	幼稚園	小学校（1，2 学年）
目　的	「義務教育及びその後の教育の基礎を培うものとして，幼児を保育し，幼児の健やかな成長のために適当な環境を与えて，その心身の発達を助長すること」（学校教育法第 22 条）	「心身の発達に応じて，義務教育として行われる普通教育のうち基礎的なものを施すこと」（学校教育法第 29 条）
機能・役割	満 3 歳から，小学校就学の始期に達するまでの幼児を対象に教育を行う学校	・学齢（満 6 歳）に達した児童を対象に教育を行う学校 ・義務教育，修業年限は 6 年
教育内容	幼稚園教育要領 （平成 20 年 3 月　文部科学省告示） 「健康」「人間関係」「環境」「言葉」「表現」の 5 領域	小学校学習指導要領 （平成 20 年 3 月　文部科学省告示） ◆第 1・2 学年 国語，算数，生活，音楽，図画工作，体育，特別の教科　道徳，特別活動
教育時間等	4 時間を標準とする。 （39 週を下ってはならない。）	年間標準総授業時数　5645 単位時間 ◆第 1 学年　850 単位時間(週当たり 25 コマ) ◆第 2 学年　910 単位時間(週当たり 26 コマ)

は life environmental education として，次のように海外発信されている。

> これを見ると教科「生活科」と領域「環境」の内容は同じように解釈されるが，両者の視座は異なる。保育内容領域「環境」と小学校低学年の教科の「生活科」は同一線上にはない。1本の樹にたとえて言うなら，領域「環境」は他の領域と密接に絡み合いながら生活の中に溶け込んでいる環境であり，幹の根元にある。その幹が伸び最初に枝分かれした位置に「生活科」がある。枝は「生活科」のほかにも「国語」「算数」などに分かれている。「生活科」の枝をたどっていくとさらに「理科」と「社会科」の2本に分かれ，その先は「科学」「物理学」「生物学」などや「地理学」「歴史学」「経済学」などになり，それから先も無数に分かれていて，今もまだ分かれつつある。　　　　　　　（平山許江，2013年，pp.99-100）

つまり，幼稚園における「領域」は，幼児が生活を通して発達していく姿を大きく五つの視点でくくったものである。したがって，ある領域を取り出して指導するといった性質のものではなく，教師が幼児の生活を通して総合的な指導を行う際の目安である。「その意味から，幼稚園教育における領域は，それぞれが独立した授業として展開される小学校との教科とは異なるので，領域別に教育課程を編成したり，特定の活動と結び付けて指導するなどの取扱いをしないようにしなければならない」（文部科学省，2008）。

このように幼稚園教育と小学校教育はちがいがあるが，子ども自身は連続した学習をするのであるから，両者は円滑な接続を図る必要がある。幼稚園教諭は小学校について，小学校教諭は幼稚園について理解を深めなくてはならない。

8　就学前教師に求められる資質

多くの幼児にとって園は初めての集団生活の場であって，「先生」との出会いも初体験の場合が少なくない。「先生」とは何をする人なのか，どういう考えの持ち主か。何を大切にしているのか。「先生」は，どういうときに叱り，どういうときに笑うのか。生活をともにするなかから「先生」のイメージをつくり上げていく。

子どもは何度も「先生」と呼びかける。「先生，来て」「先生，見て」と自分

との直接的かかわりを求める。子どもが「先生」を呼ぶのは，子どもの心が動いたときである。痛い，寂しい，困ったと庇護を求めて呼ぶ。嬉しい，できたと喜びを共感したくて呼ぶ。変だ，なぜだろう，教えてと解決を求めて呼ぶ。

　子どもは誇らしく発見を告げたり，自慢げに成果を見せたりするが，大人からすると，平凡で未熟なレベルなことも少なくない。しかし，それは子どもにとって，人生で初めての出来事であり，心を動かされた重大な事柄である。子どもはそうした自分の感動を「先生」に伝えたい，「先生」と分かち合いたいから呼ぶのである。教師はこれに応えなくてはならない。教師にとっては何度も繰り返された事柄であっても，その子どもにとっては今に意味がある。教師は全身全霊で子どもに応えていくことが重要である。

参 考 文 献

平山許江（2013）『領域研究の現在〈環境〉』萌文書林
文部科学省（2008）『幼稚園教育要領解説』

第7章 豊かなカリキュラムを創る教師

 教師には「七つの顔」がある。①インストラクター（instructor）の顔，②学習環境のデザイナー（designer）の顔，③学習メディア（media）の顔，④モデル（model）の顔，⑤学習促進者（prompter）の顔，⑥カウンセラー（counselor）の顔，⑦ライバル（rival）の顔である。もちろん，これだけではないし，一人の教師がすべてを発揮できるものでもない。しかし，すでにみた学級経営も加えて，教師は多様な役割を求められ，期待もされている。

 その中心を占めるのは，インストラクターの顔として授業をすることである（次章参照）が，その授業のためにも「教育の構想を練る」こと，教育の方向性を描くことが最も重要な仕事である。それがカリキュラムを創ることである。

1　カリキュラムを創る

 カリキュラム（「教育課程」とほぼ同義）については，別の教職科目で学ぶが，

大事な要点だけは整理しておこう。

「カリキュラム」(curriculum)という英語は，競馬場の走路や走ることを意味するラテン語の「クレーレ」(currere)を語源とする。「人生の来歴」(履歴)の意味でも用いられるが，今日では，もっぱら「学校教育において，教育目標に基づいて配列する学習内容の実施プラン」として使われている。この意味で，英語では，カリキュラムを Course of Study と呼ぶこともある。

戦後，それまでの「教科課程」よりも幅広い学習活動をとらえるものとして，「教育課程」の用語が使われ，カリキュラムと同様に用いられている。おおむね，次のように定義づけることができよう。

```
┌─────────────────────────────────────────┐
│ 国が定める教育課程編成の基準：「学習指導要領」│
└─────────────────────────────────────────┘
        文部科学大臣の告示
           ↓（最低基準として一定の法的拘束力）
  「学習指導要領」に準拠して教科書が作成される。
   さらに，文部科学大臣による検定を経る。
   （都道府県・市町村教育委員会による教科書の採択）
           ↓
┌─────────────────────────────────────────┐
│ 都道府県・市町村教育委員会が定める教育課程の地方基準 │
└─────────────────────────────────────────┘
           ↓（適切な指導助言）
┌─────────────────────────────────────────┐
│ 学校のカリキュラム（教育課程）             │
└─────────────────────────────────────────┘
    （ここが，カリキュラムの編成主体）
        年間の指導計画
           ↓ ↑
    学年，教科・科目・領域の指導計画
           ↓ ↑
      学期，月間，週間の指導計画
           ↓ ↑
      本時の指導計画（指導細案）
           ↓ ↑
┌─────────────────────────────────────────┐
│ 教師と児童・生徒によって創られる実践のカリキュラム │
└─────────────────────────────────────────┘
```

図7.1　カリキュラムの重層性（公立学校の場合）

> 学校教育の目的・目標達成のために，教育課程の基準として告示される『学習指導要領』に則り，児童・生徒の心身の発達，地域の特色等に応じ，授業時間との関連のうえで，総合的に作成した学校の教育計画。

カリキュラムは，単に「どの教科・科目にどれだけの時間」を費やすかとか，「どんな順序で扱うか」など，技術的な問題ではなく，「学校教育全体のグランドデザイン」とかかわるものである。カリキュラム編成や作成ではなく，「カリ

キュラムを創る＝創造する」としたのも，このためである。

カリキュラムを創る過程は，図示したとおりである（図7.1）。「学習指導要領」を「ナショナルカリキュラム」と呼ぶこともあるが，それは「国定」のような強い拘束力をもつわけではない。実践レベルでは学校と教師に強く委ねられることがわかる。したがって，個々の教師には「カリキュラムを創る能力」が求められる。与えられた指導計画を，いかに上手に具体化するのかだけを考えていればよいのは，少なくとも教育実習の場までのことである。

2　カリキュラム・マネジメント

図7.1をもう一度，よく見てほしい。矢印が「→」と「⇄」の二つ使われている。厳密には，完全な一方通行はないのだが，とくに相互作用（⇄）としたのは，実践⇄検証の循環過程の意味である。このことの理解が不足してはいないか。

(1) 学校という組織の特徴

「学級や学年はあっても学校はない」とか，「教科や科目はあってもカリキュラムはない」と批判されるように，それぞれは努力をするが，バラバラで全体性・一体性に欠けるということである。組織体としての学校は，ほかとはちがう「特別な営み」ではなく，企業経営にみられる「戦略・計画・実践」の三位一体が重要であることでは共通している。カリキュラムを創るうえでは，次の5点を十分に考慮しなければならない（〔　〕内は企業経営の場合）。

① めざす教育目標を設定し，その実現に向けた教育活動の全体構想（グランドデザイン）を描く〔経営戦略〕
② カリキュラムをとりまく環境を分析する〔マーケットリサーチと分析〕
③ カリキュラムを，目標―内容の系列だけではなく，条件整備の系列（たとえば，異年齢交流による学習の環境整備）からも正しくとらえる〔モノ・ヒト・カネの配置と整備〕
④ カリキュラムをPDCAサイクルで動かす

⑤ 教育活動のグランドデザインを，学校教育にかかわるすべての者が共有する〔情報共有と管理〕

　日本の教師は，指導内容に関する知識・学識や指導技術には，卓越した力をもっている。日々，長時間の勤務もこなしている。しかし，それが一人芝居であったり，個人レベルの職人芸では，組織全体の向上や発展には結びつかない。「協働する」という考え方・意識とその実践が必要になっている。

　もう一つ，足りないことがある。実践には熱心だが，「やりっ放し」で終わってしまうことが多い。教師は，児童・生徒を「評価する」ことには熱心なのだが，自分自身の実践を評価することには消極的であり，「評価される」ことには抵抗さえ示す傾向がある。大学では，FD活動の一環としても学生による「授業評価」を行い，それを公開するのは当然のことだが，高等学校以下の学校では，必ずしもそうはなっていない。このような学校文化，教師文化をいつまでも引きずっているわけにはいかない。PDCAサイクルは，企業経営や生産活動では当然のことなのである。カリキュラムもこのサイクルで動かすことを考えてみると，教育の質を高めることができる。そのポイントは，一つひとつの実践ごとに・時間をおかずに評価を行うこと，適宜，計画や実践にフィードバック (feed back=fb) すること，螺旋的（スパイラル）に循環させることである（図7.2）。

図7.2　PDCAサイクル

　こうしたことは，すぐれた実践を重ねた先人教師たちは，誰もが実行していたことであり，その意味では「斬新な」試みというわけではない。ただそれを，ごく一部の，特別な人の営みとしてではなく，すべての教師の日常とすることである。

(2) 評価，あるいは学力

　学校という組織の改善点を知り，PDCAサイクルで動かしていく必要性も理

解した。そこで，また課題が生まれる。「何を」「どのように」評価するのかである。これは，いまだに解決に至らない「学力問題（学力論争）」とも符合する。

授業（学習指導）といえば，子どもたちが学習した内容である知識や技能・態度を獲得したかどうかを測ること，つまり「ペーパーテストを行い，その結果を点数化する」ことが中心とされる。教師の側からすれば，きちんと教え・理解させたかどうかの判定である。これも評価において大切であり，おろそかにはできないが，それがすべてではない。むしろ，氷山の目に見えている一角のようなものであり，「不可視なもの」の重大さを見落としてはならない（次節参照）。

評価の陥りやすい危険性は，悪しき市場原理や成果主義にのみ依存する経済や社会のそれに似ている。「学力」とは何かを考える場合も，「OECD 生徒の学習到達度調査」[(1)] や IET（国際教育到達度評価学会）による「学力の国際比較」などの順位に一喜一憂するのではなく，何がすぐれ・何が劣っているのかを，冷静に，丁寧に見つめ・分析することが重要である。

学校が牧歌的なだけでは済まないことは，紛れもない事実である。だからといって，「人間らしさ」「人間ならでは」の視点を失えば，それは教育なのかということになる。PDCA の C を，単に数量化しやすいものだけの測定にしてしまってはいけない。

3　ヒドゥン・カリキュラムというカリキュラム

カリキュラムというと，どの学年で，どのような内容を，どの範囲まで教えるかといったことを，一覧表のようにしたものを思いうかべるのではないだろうか。この意図的・明示的なカリキュラム（顕在的カリキュラム：manifest curriculum）は，客観的な評価も可能であり，中心となることにちがいはない。

しかし，世界史の先生が好きなのでがんばっているうちに歴史も好きになっ

---

(1) PISA（Programme for International Student Assessment）と呼ばれ，2003 年以降 3 年ごとのサイクルで実施されている。

た，先生が読んだという本は自分も読むなどのように，知らず知らずのうちに体得される価値，態度，規範などの存在もある。1960年代に，ジャクソン（Jackson, P.W.）は，教室においては，学校生活にうまく適応するための知恵や態度が，無意識に習得されていることを明らかにし，ヒドゥン・カリキュラム（潜在的カリキュラム：hidden curriculum）と呼び，その研究を要請した。

　このジャクソンの提起したヒドゥン・カリキュラムは，学校が再生産している社会的格差を肯定するものとの批判も受け，研究はあまり進んでいない。しかし「負の側面」だけではなく，学校文化，暗黙のルールなど，明示されずに獲得されるものにも注目するべきである。すべてを与えなければならないとする前提を見つめ直す手がかりともなるはずである。

4　これからのカリキュラム創り　―三つのテーマ―

(1) 総合的な学びとアクティブ・ラーニング

　①1996年の中央教育審議会（当時）の答申を受け，1998年度改訂の「学習指導要領」から，小学校3年以上の全学校段階に「総合的な学習の時間」（以下，「総合」）が登場した。「学校知を追うことに汲々とし，教科・科目主義に縛られた学校のカリキュラム原理からの脱却」と，「世界の人類が抱えている，今日的な重大な課題を解決するために必要な総合力の育成」をめざすものとしてである。

　しかし，学校現場では「招かれざる客」とされることが多い。はっきりとした枠組みがあり，実践と研究の蓄積があることには積極的だが，「新しい試み」で，「総合的，統合的なこと」となると，足が遠のく。カリキュラムを創る力の，残念ながら欠如が明らかにされる。結果，看板だけは掲げて，中身は個別の教科・科目に読み替えるなどの，その場しのぎに終始することになった。

　こうした経緯を受け，改訂「学習指導要領」（小・中学校は2008年3月，高等学校は2009年3月の告示）では，「総合」の重要性を指摘し，具体的な「目標と内容」の開発・策定を各学校に委ねることになった。時間数の減少がともなっ

たために,「『総合』は,やがてなくなる」との誤解がまかり通ってもいるが,これは大間違いであり,大変な認識不足にほかならない。各教科での「言語活動」に期待し,「総合」は教科を横断した,問題解決的・探究的な学習活動に集中させようというもので,「総合」は一層重視されたのである。

「学習指導は学級(ホームルームクラス)を基本に」「同一学年で」「教室で」「時間割は年度初めに作成」などの固定観念から自由になって,カリキュラムを構想することが,教師の重要な責務となっているのである。

②総合的な学びは,「総合」に限定されたものではない。新しく全面改訂される学習指導要領のトピックの一つは,**アクティブ・ラーニング**の導入である。これは,「課題の発見と解決に向けて主体的・協働的に学ぶ学習・指導のあり方」で,「何を・どのくらい」学ぶのかという知識の質・量よりも,「どのように」学ぶのかという学習の質や深化を重視するもので,まさしく「総合」の延長・発展させたものである。免許状教科にがんじがらめになっているのでは,新しい学習指導の展望は拓けない。

ただし,注意することは,これがまったく新しい発想ではないということである。アクティブ・ラーニングの具体的な方法には,「発見学習,問題解決学習,体験学習,調査学習,グループ・ディスカッション,ディベート,グループ・ワーク」などがあげられているが,これらは,「総合」においてもそうだが,それ以前から,多くの場で実践が重ねられてきたことである。ICTの積極的導入は新たな点だとしても,今まで叫ばれながらも定着できなかったことを認めているのである。

ただ取り入れればいい,使えばいいというのでは,選挙のときのマニフェストのような画餅になってしまう。厳しく受け止めなければならない。

(2) 考える道徳教育

1958年に,小・中学校に「道徳の時間」が特設されて以来,議論がくり返されてきたが,「道徳」が教科となる。文部科学省の「報道発表」(図7.3)が示す意図は,「『考え,議論する』道徳」に転換させようとのことである。では,こ

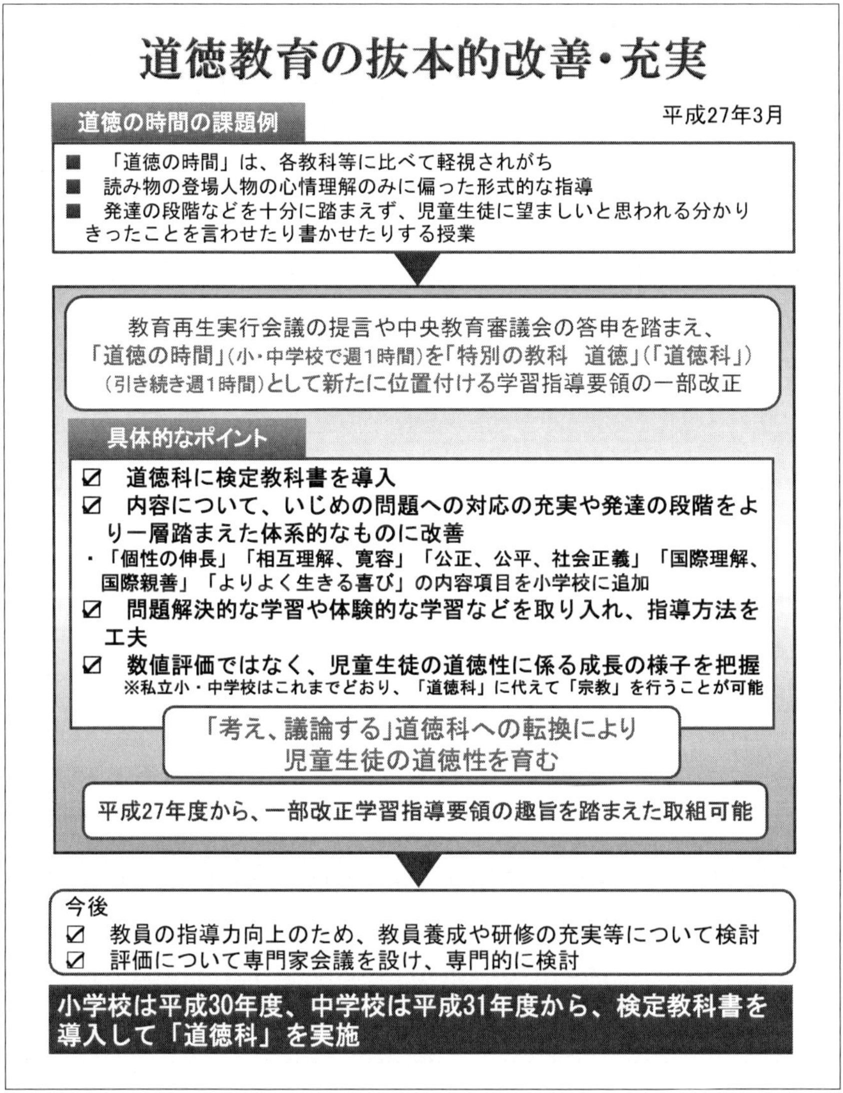

道徳教育の抜本的改善・充実

平成27年3月

道徳の時間の課題例
- 「道徳の時間」は、各教科等に比べて軽視されがち
- 読み物の登場人物の心情理解のみに偏った形式的な指導
- 発達の段階などを十分に踏まえず、児童生徒に望ましいと思われる分かりきったことを言わせたり書かせたりする授業

↓

教育再生実行会議の提言や中央教育審議会の答申を踏まえ、「道徳の時間」(小・中学校で週1時間)を「特別の教科　道徳」(「道徳科」)(引き続き週1時間)として新たに位置付ける学習指導要領の一部改正

具体的なポイント
- ☑ 道徳科に検定教科書を導入
- ☑ 内容について、いじめの問題への対応の充実や発達の段階をより一層踏まえた体系的なものに改善
  ・「個性の伸長」「相互理解、寛容」「公正、公平、社会正義」「国際理解、国際親善」「よりよく生きる喜び」の内容項目を小学校に追加
- ☑ 問題解決的な学習や体験的な学習などを取り入れ、指導方法を工夫
- ☑ 数値評価ではなく、児童生徒の道徳性に係る成長の様子を把握
  ※私立小・中学校はこれまでどおり、「道徳科」に代えて「宗教」を行うことが可能

「考え、議論する」道徳科への転換により児童生徒の道徳性を育む

平成27年度から、一部改正学習指導要領の趣旨を踏まえた取組可能

今後
- ☑ 教員の指導力向上のため、教員養成や研修の充実等について検討
- ☑ 評価について専門家会議を設け、専門的に検討

小学校は平成30年度、中学校は平成31年度から、検定教科書を導入して「道徳科」を実施

図 7.3　教科としての「道徳」の構想
出所）文部科学省「報道発表」(2015 年 3 月) から

れまでの道徳教育は何であったのだろうか。

「道徳の時間」は教科の学習・自習やホームルームの代わり，レクリエーショ

ンなどに用いられることも多く，実施されても『私たちの道徳』などの副読本に依存し，読んで感想を書くことなどで過ごされてきた。「わかり切った，当たり前のことを答えればよかった」とか「先生が喜ぶようなことを書いて提出すればよかった」と振り返る学生も多い。理念と現実の乖離があった。

　カリキュラムは，受動的に受け止めるものでも，都合のよいようにごまかすものでもない。本当に必要だと考える内容を，子どもたちのものとして学ばせるためのものである。本節（1）で，「学習の質の重視」を指摘したが，それは方法に特化することでは決してない。「討論をしたか」「コンピューターを使用したか」などばかりに目を奪われていると，一方的な「押しつけ」になりかねない。教職履修の学生は，それを鋭く突いている。

> 　道徳を教科にしたからといって道徳が重視されるかといえば，私はそうはならないと思います。お金持ちになることに幸せを見出す人もいるし，反対に貧しいながらも家族で楽しく暮らすことに幸せを見出す人もいます。最大多数の最大幸福という言葉には少し恣意的なニュアンスが含まれているように感じます。私は今まで「道徳」についてそこまで深く考えたことがありませんでしたが，人間として世の中に恥じることなく生きていくには必要な教養だとは認識していました。それでも，道徳を教科として義務化してしまうことは，同じ価値観を半ば押し付けるようなものになってしまうのではないかと，少し心配です。金子みすゞさんの詩に「みんなちがって，みんないい」という言葉があります。日本の道徳も"みんなちがってみんないい"のではないでしょうか。　　　　（花井あゆか）[2]

　お仕着せの「指導計画」を，そつなくこなすことでは満足・納得しないカリキュラム創りの眼と能力が求められる。

(3) グローバルな学びとローカルな学び

　国際関係の拡大を考えれば，グローバル（地球規模）の視野から考えること，人とかかわっていくことは，ますます重要性を増す。そのためには，国際的なコミュニケーションツールとしての「英語」の，実際的活用力は必須である。し

---

[2] 2015年度成蹊大学文学部2年。前期「道徳教育論a」におけるリアクションペーパーから（2015年5月22日）。

かし,小学校から英語教育を必修とすれば済むほど,単純なことではない。

　いかにグローバルな社会だからといって,足元からの地道な学習をおろそかにはできない。「地域の特性を反映する」「地域と学校が連携して」なども,目標としては以前から主張されてきた。しかし,それを「学校ビオトープ」にだけ押しつけてはいないだろうか。学校ビオトープが広まっていくことはすばらしいのだが,どこも同じように,それだけというのでは,喜んではいられない。教師が学校の周辺を,実際に自分の目と足で確かめているだろうか。地域の行事や課題を,メディアからではなく知っているだろうか。ローカルに学ぶためには,まず教師自らが,「地に足をつけて」学ぶことである。

参 考 文 献

Jackson, P.W.（1968）*Life in Classrooms*, Holt,Rinehart and Winston.
日本カリキュラム学会（2001）『現代カリキュラム事典』　ぎょうせい
日本教育方法学会（2004）『現代教育方法事典』　図書文化
長尾彰夫編著（2004）『総合的な学習を充実させる』（特色ある学校づくりのための　新しいカリキュラム開発　第3巻）　ぎょうせい
丸橋唯郎・佐藤隆之編著（2006）『学生と語る教育学』　学文社
文部科学省（2008）『小学校学習指導要領』（平成20年3月告示）
文部科学省（2008）『中学校学習指導要領』（平成20年3月告示）

第8章
授業の見方・とらえ方とつくり方

　「いい授業ってなんでしょう？」。多くの教師はこう答える。「教師の計画に従って授業が進み，生徒もしっかりと反応し，時間内にすっきりまとまる授業。そして，教えた知識が生徒に定着するもの」。ところが，学生たちに「あなたにとって思い出に残ってる授業は？」と聞くと，「うーん，思い出せない」「授業？記憶に残ってない」と返ってくる。このギャップが意味するものは大きい。教師がいくら工夫して知識を教え込んでも，時間がたてばすっかり忘れられ，生きて働く力になっていなかったということ。そんな授業は，もうやめよう。生徒の興味にスイッチが入り，仲間たちと協力し，よりよいアイデアが生まれ，何かが生まれる予感にワクワク・ドキドキする。さあ，一緒にそんな「授業づくり」の実現をめざしていこう。

1　「授業」は生徒が主人公

　グローバル化が進む今，そんな授業づくりをめざし提唱されているのが，アクティブ・ラーニングで，溝上慎一によれば，「一方的な知識伝達型講義を聴くという（受動的）学習を乗り越える意味でのあらゆる能動的な学習のこと」[1]と定義されているものである。私は「共創的学び」と称し，長年実践を重ねてきた。これは，従来の学校で多くみられる知識注入型の学びとは性格を異にし，他者との相互交流のなかで，共同で意味を構築する創造的過程を重視する。生徒が「問い」をつくり，仲間とともに「問いを探究する」。生徒が学びの主体となる授業が実現したとき，そこには，生徒の学びだけでなく，教師にとっても新

---

(1) 溝上慎一（2014）『アクティブラーニングと教授学習パラダイムの転換』北大路書房

たな学びが立ち現れる。教室が，教師の一人舞台から生徒たちの学びの舞台へとかわるとき，教師自身の役割は大きく変容する。教師は「学びのプロデューサー」として，生徒たちの知的好奇心に火をつける「授業デザイン」が求められる。同時に，「学びのファシリテーター」として対話活動，リサーチワーク，ドラマワークなどの生徒の活動を支援することも必要となる。このような授業が実践されるとき，学校空間は，多様なドラマを創出する「アートの舞台」となるのである。そんな授業を紹介してみよう。

2 ある日の授業風景から

　高等学校2年現代文『山月記』[2]（中島敦）の最後の授業の日[3]，虎になった李徴が咆哮する最後の1行が終わったとき，誰かが言った。「先生，これで山月記，終わるの嫌です，もっとやりたいです」。「そうそう」。教室がどよめいた。私は言った。「では，今からここに，李徴を呼んでみましょう。そして，みんなで李徴にいろいろ聞いてみましょう」。大歓声があがった。ここからドラマ手法「ホット・シーティング」による李徴との「対話」が始まったのである。

　このホット・シーティングとは，「いま，ここで」李徴になった人物が中央の椅子（ホットシート）に座り，仲間からの「問い」に，李徴となって「答える」もので，生徒たちが何に問いを発し，どう答えるか，まったく想定不可能，筋書きのないドラマへの挑戦なのである。「李徴の想いを，私はからだで感じてみたい」。かつてそうつぶやいたMが李徴役に立候補し椅子に座った。仲間たちが次々に問いを発し，M李徴が答える。その一部を紹介しよう。

　　　　　（Q：質問役の生徒・すべて異なる生徒たちである　M：李徴役のM）
　Q：袁傪（えんさん）に会ったとき，あなたは，どんなことを思いましたか？
　M：驚きました，まさか，出会うとは思ってもみなかったからです。こんな姿に

---

(2) 中島敦（1942）『山月記』は高校教科書頻出教材であり，虎に姿を変えた李徴の語りをもとに，自身の内面に対峙する契機を与えてくれる物語である。
(3) 2010年6月30日，跡見学園高等学校での実践記録である。

なっていますが，自分が人間でなくなってしまう前に，最後に袁傪にあえて嬉しかったです。
Q：どうして嬉しかったのですか？
M：袁傪は，私の唯一の友だちだったから。気取っていたり，いやみだったり，そんな私を，袁傪は，まるっと，受け止めてくれてたから。
Q：虎になる前，ものすごくヤバイとき，なぜ，袁傪に会いにいって，相談しなかったんですか？
M：それは…自分にとって，一番大切な友だからこそ，自分のみっともない姿や状態をみせられないという思いがあったからです。へんなプライドです。大事な人，しかも，尊敬している友人だからこそ自分の弱いところはみせられないって思ったんです。
（中略）
Q：なぜ，そこまで，あなたは，人の評価を気にしていたんですか？
M：それは，さっきも言いましたが，評価されてこそ，私が私として生きる意味があるからです。でも，人といっても，誰に評価されるかが重要だったんです。私は詩がわかる人々，インテリたちに認めてもらいたかったのです。
Q：もし，もう一度だけ人間にもどれるとしたら，何がしたいですか
M：詩を書きたいです，そして発表したいです
Q：最後にあなたが，私たちに姿を見せて二声三声咆哮しましたが，その声を人間の言葉で聞かせてください。
M：…さよなら…さよなら…

　M李徴の「…さよなら，さよなら…」を聴いたとき，教室中には，しばらく静寂が訪れ，そしてあちこちからすすりなきが漏れた。李徴役をやったM，問いを発した仲間たち，「からだで感じる」ことを皆が共有できた瞬間であった。

3　授業デザイン

　授業における「学び」とは，同じ教室空間にいる仲間たちと「語り合い，聴きあい，応じあい，深め合い」知識も身体もフルに活用しながら，ともに新たなものを創造する「アート」であること，『山月記』実践は，私にそれを教えてくれた。授業における「学び」が新たな「ドラマ」をつくりだす魅力的授業であるとき，生徒たちは，このようなリスキーな冒険にも果敢に取り組んでいく

ものなのである。そんな授業づくりを私は「授業デザイン」と称し,『山月記』にふれつつ,分析してみたいと思う。

　「授業デザイン」は,一般には「授業構想」「授業計画」としてみなされ,計画―実践―評価という授業実践の流れの最初に位置づけられることが多い。しかし実際の授業は,それらを厳密に区切ることはできず,すべてが響き合う。よりよい授業づくりのためには,授業実践の只中においても,フレキシブルに流れを変更する,これが「授業デザイン」においては重要となるだろう。生徒と教師と素材たち,たくさんの相互交流のなかで何かが生まれる,それが「授業」なのだから。そのような相互性の場,生きて動き出す場としての授業づくりのために,教師は「実現したい学び」を明確化しておくことが必須となる。「実現したい学び」がコアとしてあればこそ,授業のなかでのフレキシブルなかかわりも,流れの変更も,リフレクションも可能となるのである。「授業デザイン」のコアとなるのは,この「実現したい学び」であることを最初に確認しておきたい。

　ヒト・モノ・コトなど授業を構成する要素はいろいろあるが,最大の変数は「いま―ここ」にいる生徒たちといえよう。だからこそ,「授業デザイン」の前提として,①学びは多くの要因によって左右される,②「いま―ここ」における有効な学びの方法はある,③学びの方法は絶えず改訂される必要がある,この3点を前提に「授業づくり」とはどのような営みであるのか述べていきたい。この授業デザインを考えるにあたり,従来の「教育工学的」授業デザインとのちがいを明確にしておこう。今までの授業づくりは,目標分析からスタートして,教材の選択・作成,そののち,学習者の実態把握,そして評価法の決定という手順が多く,教師が最初に設定した目標の実現にフォーカスしたデザインとなりがちであった。学習指導要領をベースに生徒の発達段階に鑑み,設定された目標の実現をベースにして生徒たちの今の関心や興味を刺激するものが検討された。この従来のデザインの一番の問題は「目標達成」のために,教室のなかで,「いま―ここ」で起こっていることへの気づきが置き去りにされたままであったことだろう。いきおい,そこでは,生徒たちの「気づき」「発見」とい

う「学びの経験」は起こりえなかった。学びの主体は，あくまで生徒たちである。授業者である教師自身が「生徒たちが授業という場で，ヒト・モノ・コトとの出会い，かかわるなかで，どんなことを学んでほしいのか，どんな経験をしてほしいのか」をいろいろなことに縛られることなくとことん考え抜くものとして，私は「実現したい学び」をコアに，ダイナミックな仕掛けを設けた「授業デザイン」を提示したい。「授業づくり」のための5つの要素，①ニーズ，②ゴール，③リソース，④アクティビティ（活動），⑤リフレクション・フィードバックのそれぞれを明確にし，要素の関係づけにふれながら，以下に具体的な「授業デザイン」について述べていきたい。

(1) 生徒のニーズを検討する

『山月記』実践の契機は，朗読のあとの，一人の生徒の語りであった。「山月記を読みながら，私はすごく，考え込んでしまいました。頭のなかで，想像すること，イメージすることの限界。私たちは虎にはなれない。でも，李徴が何を語りたかったのか。李徴にしかわからない想いを，私はからだで感じてみたい」「なぜ，李徴は虎になったのか，知りたいです」「人が人でなくなっていく，それは一体どんな気持ちなのか，わかりたい」。

『山月記』を読んだあと，生徒はたくさんの「なぜ」「どうして」を語り続けた。驚き・興味・関心・疑問，生徒が今何を知りたいと思っているのか，何を身につけたいと願っているのか，生徒の「問い」を中心に，対話によって，問題意識を明確化させ，探究を行おう。『山月記』は，生徒たちの知的好奇心をおおいに刺激した。そこを原動力にしよう。そんな生徒の「ニーズ」を考えることの大切さを教えてくれた一つの授業実践を紹介しよう。

私のかつての勤務校の農業高校は，地元でも有名な教育困難校といわれ，赴任当初は小学校教師たちから「農業高校の生徒とは目を合わせてはいけません」と忌避されてきた高等学校であった。ところが農業体験をベースにしたラジオドラマが脚光をあび，1997年4月に，地元の小学生と農業高校の生徒との交流学習が生まれ，高校生が先生となり，小学生にそれぞれの専門の農業実習を経

験させるという試みがはじまったのである。それまでの私の「国語表現」授業は，どんなトピックも方法もすべて空回り「一体どんな授業をしたら，生徒が本気に取り組んでくれるのか？」と頭をかかえていた。そのときの私には，「今生徒がのぞんでいること」つまり生徒のニーズという発想はすっかり抜け落ちていた。そこに舞い込んだのがこの「交流授業」である。

　「国語表現」の授業でいきなり生徒が立ち上がった。「先生，俺たち，どうしたらええか困っちょる。小学生にどんなふうに話したら聴いてくれるんか，どんな材料やったら本気で聴いてくれるんかわからん，先生も一緒に考えてほしいんじゃ」。ここから始まったのが，「小学生と，はずむ対話をするために」の表現力アップのプログラムである。単なるコミュニケーションの練習ではない，実際に先生として小学生を教えるのである，生徒たちは必死になって「表現方法」の探究に取り組む。まさに生徒の「ニーズ」に応える学びが実現したとき，そこに思いがけないものが生まれたのである。まず，生徒たちは交流学習においてむずかしいと思われることを話し合い，その結果を3点に絞り練習を開始した。1点目は「何を伝えるか」の練習である。農業を経験している生徒たちが「わかったこと」「感じたこと」を未体験の小学生にわかってもらうためにはどうすればよいか。そのためには，経験し，感じ，わかったことを整理し図示し，そこから伝えることを絞りこむ。2点目は「どう伝えるか」の練習である。小学生に話しかけるためには，どのように話すか，順番が重要であると生徒たちは考えた。最初に話の全体像の理解を工夫し，それから，スモールステップでゴールをめざすこと，また，具体的なモノを使って，自分自身の言葉で話すこと。3点目が「本当に話は伝わっているか」を確かめる練習である。いきなり小学生を相手に伝わる話をするのはむずかしい。そこでまず生徒二人組のペア・ワークで対話の練習をする。お互いに小学生役になってさまざまな質問をする。その対話のなかで，伝えることのむずかしさ，伝えたい内容をどのように話せば伝わるかなどが少しずつみえてくる。これらの実践を通して，生徒たちは語る際には何を切り口にするか，素材をもとに吟味する習慣がついてきた。同時に，組み立て方においても，開始部はインパクトを与え，すぐに本題に入

り，クライマックスに達したらすばやく終結させるなど工夫を凝らしはじめた。とりわけ，「わかりやすくて，おもしろい」と小学生に大人気だったのが，紙芝居と語りをミックスした「野菜の主張」である。一部だけだが紹介しよう。

> 「野菜の主張」
> セロリ　みなさん，こんにちは。野菜の主張，今日はY農業高校にやってきました。今日はどんな野菜たちの本音が出るのでしょうか？　私は司会のセロリです。トップバッターはキュウリさんです，どうぞ！
> キュウリ　みんな，俺の体をみてくれ。俺の体は曲がっている。なぜだかわかるか？　水が足りないからだ。水をまいても，はしっこの俺のほうまで届かない。曲がっていても味は変わらないんだ！　見た目で選ぶな！　あー，のどが乾いた，水くれー。

生徒にとって，今何が必要なのか，援助へのニーズがわかってはじめて，授業のゴールや活動内容の方略や考察が可能になる。生徒のニーズに応えることで，学びは大きく変容する。

(2) ゴール設定

ニーズを検討したら，次はゴール設定である。授業プログラムのデザインにおいて，ゴール設定のポイントは，授業という「場」をくぐったあと，生徒にどのような「変容」が起こりうるかを具体的にイメージすることが大切である。「変容」は，何かが理解できるようになったことにはとどまらない。授業内での対話・活動という相互作用のなかで，モノの見方・考え方に変化が起きれば，大きな成果，もちろん知識レベルの変容だけではない，感情レベルの変容も，さらには行動レベルでの変容も重要となるだろう。

私が『山月記』のゴールとしたのは，「『問い』をめぐる『山月記』の冒険で，私たちは何をみつけるか」である。テクストを読解するということは，一人ひとりがテクストと対峙し，思考力・共感力・想像力を発揮させ，自身の解釈を紡ぎ出す活動と考えられてきた。しかし，それを可能にするためにこそ「対話」が重要なのである。自身が見つけた「問い」というエンジンを使い，仲間とともに，謎を答えを探究する。そんな「学びの冒険」のなかで，イメージを拡大・

深化できたとき，そこには新たな『山月記』世界が広がるかもしれない。

　ゴール設定を考えるときのポイントは，いかにして生徒を問題場面にたたせるか，つまり，生徒たちが知的好奇心を刺激され，深い学びの活動へと自ら動きだそうとする，そんなゴールを考えることである。そのためには，実現したい学びがクリアでなければならない。短く，簡潔に言語化できること，さらに生徒のニーズをベースに学びの方向を示すこと。そんなゴール設定を可能にしてくれるのが，次に述べる「リソース」「活動」である。学びをドライブする気づき，驚き，発見，さらには，矛盾，困難などは，いかなる素材に出会い，どのような活動が行われるかにかかっているからである。「なぜ」「どうして」と揺さぶり，ゴールにむけてのスリリングな学びが実現するためには，具体的な事実，事象としてのリソース（教材・場面，できごと，環境）さらには，そこからさまざまな思考・感情が生まれるための活動が，ゴールに向かう原動力であることを強調しておきたい。

　「李徴の思いをからだで感じたい」。生徒たちの強い望みから始まった学びのなかで，生徒たちは二つのことに意識的になった。一つは「対話」を通して知的理解を深めること，もう一つは，対話活動を通して，自身の感情の変容に意識的になること。知的理解を越えて，からだで感じ，心の深いところで考えるということの重要性を語りはじめたのである。

　授業の直前まで，この授業で生徒たちに何を学んでもらいたいのか，めざすゴールはなんなのか，とことん考え抜くことが大切なことである。だが，実は，一旦授業が始まったならば，そんな授業プランは忘れてしまったほうがよい。それに縛られることなく，目の前の生徒との「対話」によって，ともに創る授業の「流れ」にのること，「授業の場を生きる」ことによって，大切なものにたどりつくことができるのだから。『山月記』実践のゴールで私たちが気づいたこと，それは，「語り」とは，他者の存在を希求する呼びかけということであった。

（3）リソースの研究

　職人が材木一つから素材のもつ可能性を考えるように，教師も教材に耳をす

まし，目をこらし，教材のもつ可能性と発展性を探究することが大切である。新任教師として教壇に立ったとき，私はいつも「どういうふうに教材研究をすればよいのか」と悩んでいた。先輩たちは「教材そのものについて十分研究し，深く理解することだ」と答えてくれた。言われたとおりに，教材研究を始めた。さまざまな文献・書籍・雑誌・新聞・ニュース…まだインターネットなどない時代，図書館や書店はまさに教材研究の宝庫であった。一生懸命調べたものを，いかに，生徒にわかりやすく，おもしろく伝えるか。必死になって工夫した。生徒の反応がよいことで，調子にのった私だったが，農業高校の生徒の言葉で目が覚めた。「俺ら，受験は関係ないんじゃ。もっと，俺らに役立つことを，おもしろいと思うことを授業してくれ」。私は自分が教材の研究をしたつもりになっていただけだったことに気づいた。そこから，私は以下のように考え始めた。

「この教材をどう料理したら生徒は関心をもってくれるか？」
「教材をどう使ったら，生徒は深く考え，感じてくれるか？」
「生徒の好奇心を刺激する教材はどうやってみつけていけばよいのか？」
「身の回りのモノやコトをどう教材にしていくか？」
「その教材から，どんな学びが期待できるか？」
「今までの学びとこの教材をどうリンクさせるか？」

授業のなかで，生徒が「素材」と出会い，格闘し，そこで何かに気づき，学びを深めるとき，その「素材」は初めて「教材」となる。ゴールやアクティビティ（活動）と密接な関係がある「素材」から，教師自身どんな「問い」が生まれるか，そこから教材研究は始まっていくのである。

『山月記』における教材研究は生徒同様，私の「問い」の探究からスタートした。「なぜ李徴は虎になったのか？」「中国のエリートにとって漢詩とはいかなるものであるのか？」「人のアイデンティティはいかにして構築され，そして崩壊していくのか？」といった自身の問いの探究のなかで，生徒たちの「問い」を深める際に役立ったのが次の4点である。

①科挙制度について，現在の受験制度との比較を通しての考察
②精神的疾患はいかなる要因によって発症するのかについて，アイデンティティ

> 　構築とリンクさせての考察
> ③『智恵子抄』と重ねながら「壊れていく私」の苦悩の考察
> ④キュブラー・ロス『死ぬ瞬間』[(4)]における「死にゆく過程」5段階と李徴の自身を受け入れる過程との比較考察

　これらの「教材研究」によって，『山月記』の世界を新たな視点から見つめることができたこと，これが『山月記』授業に挑戦する大きな原動力になってくれた。教える教材について，教師が十分研究し精通していなければ，授業はおそろしく貧しいものになる，これを私は「教材研究」の核として自身の戒めにしている。

(4) アクティビティ（活動）

　生徒たちのニーズや実態をふまえ，素材をどのように使い，どのような活動を通して学びを深めるか，そのために有効な授業方法は数えきれないほどあるだろう。講義形式，グループワーク，プロジェクトなど，講義一つをとってもチョーク＆トーク，パワーポイント，模造紙で貼り出す，紙芝居など，グループワークもディスカッション，ディベート，リサーチ，ロールプレイ，ドラマワークなど，それら無限にある教育の方法を前に，授業においてどんな学びを実現したいのか，そんな本質的な問いと格闘したうえで，実際の授業をどのような方法で，どんなリソースを使って，どのように展開するのかの探究が必要となる。

　しかし，実際の多くの授業は，教育方法のパターン化が否めない。講義の工夫が穴埋めのプリント，パワーポイントで視覚に訴える，グループ学習で正解を競わせるなど，「どんな学びを実現したいのか」そのゴールに挑戦するために，「教材」と「方法」が分かちがたいものだという認識が希薄な実践があまりに多い。とりわけ高等学校における授業方法の改革は，多くのアポリアをはらんでいる。教師が講義形式スタイルと定期試験・受験指導というシステムに慣れき

---

(4)　エリザベス キューブラー・ロス／鈴木晶訳（1998）『死ぬ瞬間—死とその過程について—』読売新聞社

っていて，生徒が不適応を起こしても，生徒の意識・態度・意欲に責任を転嫁しがちである。もちろん，生徒の興味関心に火をつけるべく「本質的な問い」を模索し，グループ活動をより刺激的なものとするべく，「問い」を考え続けている教師が多くいるのも事実で，私自身もそんなよい「問い」を考え，授業を展開することで，学びへのモチベーションが喚起されると信じていた。だが，一人の生徒がそれに大きな揺さぶりをかけた。「先生は，どんなふうにして，『問い』を考えるのですか？ 何かを考えるために『問い』が大切，だけど，その『問い』をどうしてみつけたらよいのか，それを，教えてほしいんです」。『山月記』実践の方法「対話で深める学びのレッスン」は，この言葉から始まった。

　「生徒の問いで授業を展開する」。そのような「教育の方法」を模索するとき，ロバート・M・ガニエ[5]が提示した「9つの教授事象」から学ぶものは大きい。ガニエは，学びのプロセスを支える教師の働きかけを，次のようにシンプルに提示する。

> ①注意の喚起，②目標を学習者に知らせる，③前提学習の再生を促す，④教材を提示する，⑤学習指導を行う，⑥実行を引き出す，⑦フィードバックを与える，⑧実行を評価する，⑨保持と転移を強める

　しかし，生徒が「問い」を生み出すといっても，授業をデザインしプロデュースするのが教師であることに変わりはない。学びの目標や展開を考えたうえで，生徒に「問い」を創出してアプローチするミッション（課題）をシンプルにわかりやすく伝えることが教師の仕事として重要となる。私は，教育方法で長年重視されてきた教師のよい「発問」で授業を展開するという活動をやめた。代わりに，生徒自身が具体的な「問い」を考えることができるよう，大きなテーマ・課題を「ミッション」として提示するために，それまで以上にリソースを探し，教育の方法を模索した。繰り返しているように，教材のデザインにおいて「ゴール」「リソース」「アクティビティ」は三位一体のものである。それゆえ，私の投げかけたミッションは一つであり，その「私たちは山月記から何

---

(5) R. M. ガニエ & L. J. ブリッグズ／持留英世・持留初野訳（1986）『カリキュラムと授業の構成』北大路書房，p.208

を見つけることができるか」を生徒たちはさまざまなシーンに「問い」を投げかけ，対話を深めていった。

最後に使ったドラマ手法「ホット・シーティング」は，対話の学びのさらなる発展としてのチャレンジであった。ホット・シーティング実践後の生徒のコメントを紹介しよう。

> 「自分では思いつかないようなことを問われて，私の脳にいきなりスイッチがはいったような感じがしました。李徴になって考えていると，何度も涙がでそうになり，声がつまりました。」
> 「途中から，ホット・シーティングに座っているMちゃんが，ほんとうに李徴に見えました。教科書のなかの李徴は話しかけても，答えてくれないけど，目の前の李徴は私に語りかけてくれる，ぐっときました」
> 「前の人の質問と答えを，みんなが一生懸命聞いていて，それにつながる問いがどんどん生まれるのが，すごいなあと思いました。問いが刺激的だと，答えも深いものになるのがすごいと思いました。」

「問い」と「答え」によって行われるホット・シーティングの実践により，思考のフレームが広がり，今までまったく考えていなかった視点からも思考することが可能になったこと，さらには，それをクラス全体で共有することで思考の連鎖とも呼ぶべき創造活動が行われていたことが明らかになった。

(5) リフレクション

　授業デザインの最後は，振り返り・リフレクションである。教師にとっても生徒にとっても「授業の意味」「学び」についての気づきを与えてくれるこの「振り返り」のポイントは「何を学んだか」を生徒が自身の言葉で表現することにある。理解が深まったこと，新たに獲得した知識，向上したスキル，問題解決に向けての工夫など，形式化されたワークシートの与えられたスペースにコメントを書いて提出する，そんな振り返りでは，学びの質的向上も，学びの意欲の喚起も期待できない。しかし，個々の生徒が言葉で表現 (out put) する活動によって，自身の理解のあいまいさ，他者との視点の差異，探究したい事柄などがクリアになり，次の学びへの意欲と期待感がかきたてられたと多くの生

徒が語っている。授業は生きものだ。だからこそ,「いい授業ができたか?」と考えるとき,それは,「生徒にとって意味のある授業であったか?」「そこに学びはあったのか?」を真摯に振り返るリフレクションが必須となるのである。

「対話」を通して他者とつながり,気づきが生まれ,思考が深まり,そこに新たな知がめぐりはじめる。そんな「学びの冒険」としての「授業づくり」のはじまりは,「居心地のよい場づくり」にある。しかし,その「場づくり」は,情熱だけではむずかしく,そこには,やはり「方法」が必要となる。だからこそ,授業という空間のなかで生きる一人ひとりの生徒の固有性に注目しよう,「いま―ここ」で起こっていることに敏感なまなざしを向けよう,そして,そのなかで「小さな声」が生まれるのをじっと待ち続けよう。授業とは,「小さな声」が言葉となって「小さな物語」を紡ぎはじめる,そんなドラマの舞台なのだから。

参 考 文 献

林竹二(1990)『学ぶということ』国土社
青木幸子(2016)『物語が始まるとき〜共創教育の現場から〜』春風社
F. コルトハーヘン編著/武田信子監訳/今泉友里・鈴木悠太・山辺恵理子訳(2010)『教師教育学―理論と実践をつなぐリアリスティック・アプローチ』学文社

第9章
教師のメンタルヘルス ―実践への誘い―

1 教師の心の危機

教師の仕事は，20歳代半ばから60歳代まで約40年にわたる。そのなかで，多くの教師は，心の危機に直面する。いくつかの危機が複合的に重なりあったとき，教師は，「学校を辞めたい」と離職の衝動にかられる。そのような心とどのように向き合い，メンタルヘルスすなわち心の健康をつくっていくのか。教師の一人として，私が大学教師2年目に直面した経験を紹介しよう[1]。

2 教師が「学校を辞めたい」と思うとき

私は大学の教師である。教育実践の中心である授業は，どこも似通った空間の教室で，子どもと教師と教材との交わりという同じ構造のなかでいとなまれるのに，一つとして同じものはなく，異なった物語が生まれる。このクリエイティヴでダイナミックな教育実践に私は魅せられた。教育の研究をするなら自分も実践者でありたい，そして，授業で教育実践について学生と一緒に考えたい。そう思って，教職課程を担当できる職に就いた。にもかかわらず，あるとき私は，「大学を辞めたい」と思った。

(1) 教職員のメンタルヘルス対策検討会議「教職員のメンタルヘルス対策について（最終まとめ）」(http://www.mext.go.jp/component/b_menu/shingi/toushin/__icsFiles/afieldfile/2013/03/29/1332655_03.pdf, 2015年8月11日閲覧) では，人事行政状況調査結果として，公立学校における新規採用教員で，条件付採用期間中に病気を理由として離職した教員のうち約9割が精神疾患によるなど，採用間もない教職員に対する取り組みが重要な課題であること，精神疾患により休職している教員の約半数が，所属校に配置後2年以内に休職に至っていることが報告されている。ゆえに，私の大学教員職2年目の事例を取り上げる。

（1）校務と授業との間で

　教師は，授業や研究以外に，決められた職務の遂行が中心となる学校・大学運営にも参加する。大学運営の仕事は細かく役割分担され，教師はいくつも役割を重ねて会議に追われる。私も，職務に授業以外の時間を費やし，授業準備がまったくできない状況だった。それは学校でも同様である。近年は公立小中学校の非正規教員数が増加傾向にあり，「相対的に減少した正規教員が，校務分掌などの職務に忙殺されている問題」があることなどが指摘されている[(2)]。

（2）教室での危機

　私は，教職課程の学生と最初に出会う「教師論」の第1回目の授業を迎えた。

　教室に入ると，椅子の背にもたれかかって喋っている学生もいれば，机にうつぶせになって寝ている学生もいた。今まで経験したことのない喧噪とした教室の空気に私は，今から始まる時間が自分の思うようにならない感じをもった。

　始業のベルが鳴って，教師の仕事がいかにプロフェッション（専門職）かを語り始めても，プリントを配付し一人読みを指示しても私語がつづく。

　教材が届かない。

　私は，急遽予定を変更し，一人ずつ名まえを呼び，「〇〇さん，なぜ教職をとろうと思ったの？」と聞いていく。「ひるまない，逃げない，キレない」と自分に言い聞かせ，発言を受け容れるコメントを返すように心がけた。「私がキレたら終わり。今，キレたら教育実習を担当する4年生までの3年間が大変になる」。その思いだけだった。彼らの発言から，私は，彼らがキャリア選択の一つとして教職課程を履修していることを知った。また，教師の一言に傷つき自分の可能性を見失った経験が少なくないことがわかった。

　10名くらいの話を聞くと，再びざわつきはじめる。私は，「静かに聞きなさい！」と声を荒げる前に次へ展開させた。過去に出会った教師を思い出し，とくに影響をうけた教師や印象に残っている教師のことを書くように促した。全

---

(2) 山崎博敏（2011）「教育時事ワイド解説（17）非正規教員急増の背景と今後の展望―35人学級化のインパクト」『教職研修』39 (7), pp.82-86

員の文章を集めて授業が終わった。

(3)「学校を辞めたい」と思うとき

　授業が終わった瞬間，どっと疲れが押し寄せた。大学運営の仕事を考えると，授業をふりかえって課題をみつけ，来週の授業案を新たに構想する時間はない。何よりも自分を奮い立たせようとしても自分の気持ちが立ち上がらない。当初の授業計画を進めて今日の状態が繰り返されることを想像して「学級崩壊」が頭をよぎった。「辞めたい」と思った。

　現実には，授業とカリキュラムについての私の態度が甘くなっていることを直視せざるを得なかった。ほかの授業でも，学生が授業に抵抗を示しているのに，私は授業を変えず，90分の大半を私が講義する授業で済ますようになっていた。学生が変われば授業は変わる。この授業の特質に反する実践を私はしていた。教師として，どこに，どのように立とうとしているのかという，教師としての自分の位置と居方を見失っていた。「辞めるべきではないか」と思った。

3　「辞めたい」気持ちにどう向き合うか

(1) 教師がおかれている状況を知る

　「辞めたい」と思うこと。まず，その気持ちに向き合うことにした。私は，自分の位置確認をするために，大学教員ではないが，公立学校教員のおかれている状況に関する情報を求めた。

　ここでは，公立学校教員に関する最新の情報を紹介する。文部科学省の報告によると[3]，2009（平成21）年度の5458人まで17年連続で精神疾患による病気休職者が増加した。2011（平成23）年度は5274人と若干減少したものの，在職者に占める精神疾患による病気休職者の割合は0.57%と最近10年間で約3倍に急増している。また，平成25年度学校教育統計調査によると[4]，病気を理由と

---

(3) 脚注(1)前掲資料
(4) 文部科学省「学校教員統計調査—平成25年度（確定値）結果の概要」〈http://www.

した離職教員のうち，精神疾患を理由とした者が5割以上を占めている。教員にみられる精神疾患として，「燃え尽き症候群（バーンアウト）」がある。バーンアウトとは，まず，多忙な業務などの過度のストレスによって心身ともに消耗して，次に柔軟な感性を失って，子どもをモノのように扱ったり，個性に応じて対応を変えるところを機械的に接したりするなど，人間的なかかわりができなくなり，最後には自分の仕事に達成感をもてないなど無気力，無感動になる症状のことである。

（2）危機が生じる背景を考える
①教職の特質と教職への適応
　なぜ，教師は強いストレスを感じ，休職や辞職を選ばざるを得なくなるのか。

　まず，教職という仕事に固有の特質がある。第一に，心をもつ人間への援助を職務とする教職は，モノやパソコンに向かう仕事とは異なり，その成果が見えにくい。第二に，教職は，一生懸命取り組んだにもかかわらず，自分が期待したほどの評価が得られない，ある側面からは評価されても別の見方からは評価されないなどの特徴をもつ。それでもなお献身的な努力を続けると，教師は徒労感や閉塞感を抱くようになるのである。

　また，教師の心は，複合的な要因が重なって危機に直面する。授業以外の周辺業務による多忙，職務能力のなさ，それらにより授業に集中できないなど「一番大事なことが十分にできない」未達成感による苛立ち，授業が成り立たない現実，多様な児童・生徒への対応のむずかしさ，教師としてのアイデンティティ（自己同一性・自分らしさ）の揺らぎなどである。

　しかし，教師が心の危機に直面するのは，職業の特質と，それに適応できない教師の個人的資質のみによるのだろうか。

②制度と文化
　教職生活の危機は，佐藤によると，専門職にふさわしい仕事を達成できず，専

mext.go.jp/b_menu/toukei/chousa01/kyouin/kekka/k_detail/1356144.htm〉（2015年8月14日閲覧）

門家として育ち合う関係を築けないところから生じているという[5]。

　なぜ，今日の教師は，一人ひとりの子どもの学びと発達に責任を負い，カリキュラムや授業を自律的に創造する専門家としての職務を達成できないのか。現実に目を移せば，「学級崩壊」，不登校や少年犯罪の増加などにみるように子どもたちも心の危機に直面している。子どもも，親も，教師に専門家としての職務を期待している。しかし，教師は，どの校種でも生徒指導や保護者からの苦情等への対応に追われている。また，教師の仕事は，学習指導要領（大学では自分が作成したシラバス）にそって教科書の内容を子どもにわからせ，教育委員会の指示する業務を遂行する「公僕」としての役割に枠づけられている。たとえば，近年の課題である「学力格差」も，トップダウンの施策への対応に終始する。その結果，教師の多忙化といわれるように，教師は，週およそ60時間を学校での仕事に費やしながら，その半分は報告書の作成等，授業以外の周辺的な事務をこなすことに終始する。残りも，授業担当と生徒指導に充てられる。教師は，教材研究や授業の準備など「専門家」としての仕事に時間をかけたいと願っている。しかし，現実には，授業準備の時間はほとんどない状態で毎日授業に臨んでいるのである。それゆえ，教師は生徒指導や保護者対応に強いストレスを感じ，特に若手教師は，学習指導にも強いストレスを感じている[6]。「専門家」として制度的に規定されているわけでもなく，「専門家」としての自律性や決定権を与えられているわけでもない。教師は，「公僕」としての枠組みと「専門家」としての期待との隔たりの間でディレンマ（矛盾）をかかえるのだ。

　つぎに，教師の「同僚性」が育ちにくい状況については，専門家としての教師像が構築されていないことに加えて，教師文化の閉鎖性がかかわっている。わが国の学校組織には，各種委員会，教科部会，学年部会など，約50〜60の校務分掌がある。教師は複数の分掌に所属する。この極度に分業化された状況は，個々の教師の責任を局在化させる。その結果，ほかの教師が問題を共有して口

---

(5)　佐藤学（1998）「現代社会のなかの教師」佐伯胖他編『岩波講座6　教師像の再構築』岩波書店，pp.3-22
(6)　脚注(1)前掲資料

をはさむ余地が少なくなるし，外からの助言や交流を避け，身内同士の浅い話し合いにもなる。このような教師文化の閉鎖性が長期にわたって教職員がまとまって学校の課題に取り組んでいく力を弱めてきたのである。

　教師が「学校を辞めたい」と思う気持ちは，職業のもつ特質や個人的資質を越えて，学校教育がかかえる問題でもあるのだ。制度の壁が，教師のディレンマという心の問題につながる。教師文化の壁が，学校を教師にとっての居場所ではなくしてしまう基盤にもなる。私は，大学教師ではあるが，同じように制度と文化の渦に巻き込まれそうになっているのだと，自分の位置を確認できた。

　教員のメンタルヘルスの不調の要因が，教育制度や職場環境に依存している場合，成果主義や競争原理の浸透など，今日的な視点で学校観・教師観をとらえ直すことも重要である[7]。だが同時に，日々実践する教師には，一教師として，この状況をどう切り拓くかを考えることも求められる。

4　教室の危機にどう向き合うか

(1)　授業の事例に学ぶ

　私は，教師の中心的な仕事であり，学生とじかにふれ合う授業こそを大切にする基本に戻ることにした。これは私ひとりから始めることができる。運営業務は，限定した時間のなかで最低限必要なことを職務として務めることにした。

　教師は実践上の危機をどのように乗り越えるのか，教師の役割は何かを考えるために，私は，小学校教諭の室田明美と牛山栄世の実践に学ぶことにした。

　①室田明美の実践に学ぶ

　室田の『教育の窓をあけませんか』を読む[8]。本には小学4年生との1年間の歩みが綴られている。前年度，室田は，大学で専攻した染織を活かして小学6

---

(7)　江澤和雄（2013）「教職員のメンタルヘルスの現状と課題」『レファレンス』1月号　国立国会図書館 pp.3-28. 〈http://dl.ndl.go.jp/view/download/digidepo_6019125_po_074402.pdf?contentNo=1&alternativeNo=〉

(8)　室田明美（1994）『教育の窓をあけませんか』国土社

年の子どもをはげまし援助していく実践をした。室田は,「その出発は,子どもではなく私自身だった」と,自分が中心に位置する実践だったと省みた。この本は,その翌年,自身を律して行った実践の記録である。

本には,子どもの声と作品が溢れている。子どもたちとの最初の出会いも,「人間の絵」という図工の授業だ。ポーズを決めるまでの子どものつぶやきや友だちとの会話,相手をデッサンするときの様子が描かれている。室田は,一人ひとりの特徴をとらえていった。子どもたちは,学びあう仲間になっていった。

また,室田は,学習がパターン化し,一人ひとりの子どもがみえるべくもない,読み・書き・計算の家庭学習のプリントに「窓」を空けた。「窓」=「自由ノート」の子どもの文章や絵には,子どもの関心,生活,つぶやきが表れ,室田は毎日コメントを書き励ます。このやりとりは,本づくりへと発展する。

子ども一人ひとりの声と,それに呼応する室田によって実践が生み出されていく。そのリズムが心地よい。悲壮だった私の顔は,自然にほころんでいた。

②牛山栄世の実践に学ぶ

牛山にも教師としての転機があった[9]。牛山は,教職8年目に,はじめて小学1年生の担任をする。「ひとりひとりが,頑としてひとりひとり」である子どもたちを前に,牛山は,「強い抵抗」を感じる。「『教える』作業を,やり易くするため」に,イスの背もたれの後ろで手を組むように子どもに指示をする。「学校用の子どもに仕立てあげようとすればするほど,子どもは次第に生気をなくし,中には腹痛を訴える子も出だす」。

牛山の「それまでやってきた『教える』ということが,足許からくずれていく」感じは,これまでの学生の様子とのちがいに戸惑う自分が重なった。

牛山は,「教室の居苦しさから逃れるように」野に出て,「無心に遊ぶ」子どもたちを見て,「『ことば』で子どもを動かし,分からせようとしている自分と,『からだ』で応え,分かろうとしている子ども」のちがいを感じる。子どもにとって,「思うことと動くことはひとつ」で,「『活動する』時間,『考える』時間

---

(9) 牛山栄世 (1996)「教師であることの発見」石井順二・牛山栄世・前島正俊『教師が壁をこえるとき ベテラン教師からのアドバイス』岩波書店, pp.1-52

などと仕分けすることは，私の都合に過ぎない」と思うようになる。

それからしばらくしての，子どもたちとヤドカリとのかかわりの記録は，子どもたちが「ヤドカリで遊ぶ」から「ヤドカリと遊ぶ」そして「ヤドカリになる」までの相として子どもたちの変化がとらえられていた。相手の都合とは無縁に自分本位なかかわりをして「ヤドカリで遊ぶ」子どもたちの「むきだし」のきわどさにも，牛山は，顔を背けたり，さとしたりすることなく，子どもたちが関係をつくりだしていく過程に寄り添う。

牛山は，教室での問題に直面したとき，その原因や責任を子どもに帰着させるのではなく，教師としての自身の課題として引き受けた。そのことに私は勇気づけられた。そして，子どもの観察をとおして，学びや発達の原理を追究しながら実践を創り出していく過程に，私は，専門家としての仕事を感じた。

③教師像と授業観の問い直し

室田も牛山も，子どもから学習が立ち上がっていく実践へと変化させていた。レッジョ・エミリアの実践にもとづいて教師の役割について考察された次の文章が，私のなかで両者と結びついた[10]。

> 「教師の役割の定義は，一度に受け入れられるものでは決してなく，状況や親や子どもたちの変化と，彼らの関心ややりとりのダイナミックスにつれて絶えず修正され，さらには教えることと学ぶことに関する基本的な過程の理解の中で出現するものなのである。教師に何ができるか，教師は何をすべきかという質問は，決して最後まで答えられることはなく，むしろ次のような最初の問題に立ち戻っていくべきである。どのような教師が，私たちの子どもたち―今日の教室の中にいる現実の個々の子ども―に必要とされているのだろうか？」（傍点筆者）

私は，確固とした理想の教師像を構築するという呪縛から解放された[11]。同

(10) C.エドワーズ，L.ガンディーニ & G.フォアマン編／佐藤学・森眞理・塚田実紀訳（2001）『子どもたちの100の言葉 ―レッジョ・エミリアの幼児教育』 世織書房，p.272
(11) 「教職員のメンタルヘルス対策について（最終まとめ）」（脚注(1)前掲資料）によると，理想像が明確であることは，厳しい仕事によるストレスから身を守る面がある一方，思いが強すぎると理想的にできていないことをストレスに感じ，自らを責めることになる場合やほかの教職員に厳しく接する場合がある。

時に，次の一歩を踏み出す手がかりを得た。始まりは子どもなのだ。子どもと子どもの学習に責任をもつ教師の仕事は，子どもの発見から始まるのだ。

(2) 授業を構想し，実践する

　学生と向き合おう。まず「教師論」の授業時に彼らが書いた文章を読もうと思った。

> ―今の子どもをケアできる教師になりたい。
> ―勉強って生命力。生きるリアリティーの感じられる教育がしたい。
> ―不登校の弟のところに担任がやってきて言った一言，転校するか。それ以来，弟は話さなくなった。
> ―前の学年で荒れていたクラスが，新しい担任になって変わった。教師が変われば，クラスが変わるんだなと思った。

　1回目の授業直後には「つまらない」と思った文章なのに，今度はすごいと思った。授業で紹介しようと，印象に残った文章を選ぶ。多すぎるからと選べば選ぶほど，私が授業で語りやすい文章ばかりになっていく。「教える」ことから抜けきれていないことに気づいた。しかし，葛藤が続いた。私が方向性をつくる授業はしたくないが，収拾のつかない授業にもしたくない，という思いの間で納得のいく方法を見いだせないまま2回目の授業の朝が来た。

　ああ，最初に戻ろうと思った。全員の文章に心を動かされた。そこに戻ろう。私の思いは，それを学生と共有したいということだ。教職の学生には学び合う仲間になってほしい。そのためにも，互いのことを共有し，多様な声を知ろう。

　みんなで読む。そして，先週の授業の発言で強く印象づけられた「教師の一言で傷つく」そのことを意識しながら，相手の心を聴いてコメントを書く。

　授業の感想は，ほぼ全員，好意的な評価だった。私もすっきりした。

　ある学生のコメントに目がとまった。

> ―こんな教師もいた，あんな教師もいた。いろんな教師がいることはわかった。けど，教師って何なん？

　まさに「教師論」のテーマになる問いだと直感した。けれど，私に明確な答

えは用意できない。次の授業では，彼の発言を取り上げ，教師の専門的力量について考えることにした。教師の力量についての調査を学生を対象に試みた[12]。調査は，教師の力量について，用意された項目のなかから重要だと思う順に5項目選ぶものだ。戦前，戦時下，戦後の40年間，教師をされた方を対象とした調査結果があるので，学生の結果と比較できた。彼らの次の声は，今の生徒の声を聞きたい，今の現職の先生の声を聞きたいというものだった。

(3) 教師でありたいと思うとき

　内発的な学生のことばには，研究の「問い」につながる萌芽がある。その萌芽を教師がサポートすることで彼らの学びは研究になる。個々の学生の問いや興味が連続的に展開することで，一人ひとりのカリキュラムが創造されていく。一人ひとりの学びを実現するということは，学びのための複数の道筋を構想することである。そのために教師には，教材研究を続けて教材を把握すること，研究作法を体得すること，学生一人ひとりの個性を理解することが求められる。私の次の実践課題が見えた。2週間前に「辞めたい」と思っていた私が，内発的に「教師でありたい」と思っていた。

5　実践としての教師のメンタルヘルス
　　　　　―リフレクション，ケアリング，プロジェクション―

　本章では，「学校を辞めたい」と思い，実践に学び，実践することをとおして学生に学びながら，教職への意思を見つめなおした私の経験を紹介した。
　メンタルヘルスには二つの意味がある。一つは，心の病気を治すことである[13]。もう一つは，心の健康を保ち，より生きがいのある生活を送ることである。
　後者の意味でのメンタルヘルスへの対処法には，二つの方向性がある。一つは，教師本人の心の健康を維持する方向でのメンタルヘルスである。たとえば，

---

(12)　稲垣忠彦他編（1986）『教師のライフコース　昭和史を教師として生きて』東京大学出版会，pp.261-292
(13)　中島一憲（2003）『先生が壊れていく　精神科医のみた教育の危機』弘文堂

趣味をもって気分転換をすること，多忙な職務を完璧にこなそうとせずに割り切ること，よけいな人間関係上のトラブルを生まないこと，委員会や行事などの業務に力を注ぎ学校における自分の居場所を見つけることなどである。これらは，教師個人の心の健康には必要である。文部科学省も，精神疾患への予防的取り組みや復職支援体制の整備，生徒指導の負担への対応として不登校やいじめなどにチームで取り組むためのスクールカウンセラーやソーシャルワーカーの配置，労働衛生管理[14]の実施などの対策を講じている。しかし，子どもの学習に責任をもつ教師としてのメンタルヘルスは，心の危機に直面しないように心の健康を保つことだけでは十分ではない。

　そこで必要なのは，心の危機に直面する，しないにかかわらず，子どもと子どもの学習に責任をもつ教師として，より生きがいのある生活を送るためのメンタルヘルスである。そのための三つの側面を考えてみよう。

　第一は，リフレクションである。教師として自分の位置と居方を確認し，他者の実践や目の前にいる児童・生徒・学生に学び，自分と自分の実践を見つめなおすことである。心の危機に直面したとき，リフレクションをとおして，自分が知っていると思っていた教師像や授業観がもう一度新しいものになる経験をすることで，教師は心の健康を取り戻し，再び立ち上がることができる。

　第二は，ケアリングである。「辞めたい」と思ったとき，私は，室田の実践に癒され，牛山の実践に勇気づけられた。また，心にかけてくれる同僚の存在は，実践を続けるうえでは何にも代えがたい。大学運営上の仕事や課題をかかえて追い詰められていたとき，「一緒に考えましょう」と声をかけ導いてくれた同僚であり先輩のことばに私は何度も救われた。間接的であれ，直接的であれ，こ

---

(14) 　文部科学省「学校における労働安全衛生管理体制の整備のために〜教職員が教育活動に専念できる適切な職場に向けて〜」（平成24年3月）〈http://www.mext.go.jp/a_menu/kenko/hoken/__icsFiles/afieldfile/2012/08/23/1324759_1.pdf〉（2015年8月11日閲覧）。「労働安全衛生法」（昭和47年法律第57号）が改正され（「労働安全衛生法等の一部を改正する法律」（平成17年法律第108号）），過重労働・メンタルヘルス対策の充実として，事業者は，一定時間を超える時間外労働を行った労働者を対象に，医師による面接指導等を行うこととされた。

のような他者の支えがなかったら私のディレンマは爆発していたかもしれない。

　第三は，プロジェクションである。リフレクションのもとに，自らが実践という児童・生徒・学生や同僚，文化が相即する関係のなかに身を投じることである。ここに教師という仕事の魅力がある。一つは，学生とともに教材に向き合うなかに，自分を超えたものとの出会いがあることである。もう一つは，同僚との協働実践である。私は，ある授業を協働で実践する機会に恵まれた。この授業は，インフォーマルな場での会話から生まれた。自主的な提案による試みは，授業準備は「多忙」を極めるが，多忙の質が異なる。協働による教材づくりと実践は，相互触発を通して，授業実践および教材の見方や理解を広げるとともに，教育の内実からの大学づくりでもある。学生や，学生に誠実である同僚との協働の実践は，教師として再び歩き出す原動力である。ひいては，制度や文化と実践との間で生じるディレンマの解決にもつながるだろう。

　教師のメンタルヘルスは，クリニックや相談室といった日常生活から離れた場所で話を聴いてもらうことによって保たれる面もあるが，それだけではなく，また，教室の周辺でもなく，日々の教室の実践の内側に立ち，児童・生徒・学生や同僚，制度との関係のなかで自分を見つめなおし変容し（リフレクション），他者と互いに心をかけあいながら（ケアリング），実践の場に自らを投企して（プロジェクション），学校に学びの連鎖をつくり出していくという実践なのである。

参 考 文 献

牛山栄世（2001）『学びのゆくえ　授業を拓く試みから』岩波書店
牛山栄世（2001）「総合学習における体験と学び」稲垣忠彦編『学校づくりと総合学習―校長の記録』評論社
室田明美（2001）「『妙音沢』から学ぶ」稲垣忠彦編『学級崩壊を越えて』評論社

第10章
今，教師に求められること

　みなさんは，これまでに多くの教師と出会ってきたことだろう。そのなかで，どのような教師が記憶に残っているだろうか。こんな教師になりたい，こんな教師にはなりたくない，そう思ったのはどのような教師だったろうか。

　大平光代の『だから，あなたも生きぬいて』[1]という本がある。この本には，中学生のときのいじめや親友の裏切りが原因で大きく道を踏み外し，わずか16歳で極道の妻にまでなった大平が，のちに養父となる大平浩三郎との出会いによって立ち直るきっかけをつかみ，やがて弁護士になるまでの話が描かれている。

　大平がいじめられていたとき，自殺未遂のあと再び登校してきたとき，そして，美容学校に合格したことを報告に来たとき，教師は大平の気持ちと向き合い，それをしっかり受け止めようと親身になるどころか，体裁ばかり繕おうとした。その結果，大平は教師への不信感をつのらせていった。「あんたそれでも教師か」こうした苦い体験にふれるとき，もし教師の対応がもっとちがうものであったなら，大平は地獄の苦しみを味わうことはなかったかもしれないと思わずにはいられないだろう。

　宮本延春の『未来のきみが待つ場所へ』[2]は教師に対して批判的な視線を向けてはいるが，豊川高等学校定時制部で出会った教師たちとの温かいふれ合いを描いている。

　小学校でのいじめが原因で2度の自殺未遂。学校嫌い・勉強嫌いで中学3年生のときに九九は二の段までしか言えず，漢字は自分の名前が書けるだけで，英語は book しか書けない状態。その結果，成績は技術と音楽の2を除いて，他

---

(1)　大平光代（2000）『だから，あなたも生きぬいて』講談社，p.72
(2)　宮本延春（2006）『未来のきみが待つ場所へ』講談社，p.187

教科はすべて 1。18 歳で両親と死別し天涯孤独になった。

　そんな宮本の人生を変える大きなきっかけを与えてくれたのは，23 歳のときに見たアインシュタインのビデオだった。このビデオを見て物理学に魅せられた宮本は，猛勉強を始め，24 歳で豊川高等学校定時制部に入学。そこで出会った教師たちの親身の支えを得て，27 歳で名古屋大学理学部に入学。大学院に進学し，合わせて 9 年間物理学の勉強と研究に打ち込んだあと，豊川高等学校の教師となった。「ぼくは豊川高校の先生方から受けた恩を，教育の場で返していくことが，自分の最良の道だと思うようになったのです」。

　人生は，さまざまな出会いによって織りなされているのであって，人格形成に影響を及ぼしているのは，なにも教師に限られたものではない。学校で多くの時間を過ごす子どもたちにとって，教育に直接たずさわる教師の言動は，人生を大きく左右するほどの影響力をもつ。したがって，教師は，まずこのことをしっかり自覚しておかなければならない。「教育は人なり」といわれるように，学校教育の成否は，教師の資質能力に負うところが大きいのである。

　以下では，1997（平成 9）年 7 月の教育職員養成審議会第一次答申「新たな時代に向けた教員養成の改善方策について」（以下，教養審答申）および 2012（平成 24）年 8 月の中央教育審議会答申「教職生活の全体を通じた教員の資質能力の総合的な向上方策について」（以下，中教審答申）をもとに，今教師にどのような資質能力が求められているのかをみていくことにする[3]。

1　いつの時代にも求められる資質能力

　教養審答申は，教師の資質能力について，それは養成・採用・現職研修の各段階を通じて形成されていくもので，生涯にわたり向上が図られるべきものだとの認識に立ち，その方策について総合的に言及している。

　教養審答申は，まず，教師の資質能力を「専門的職業である『教職』に対す

---

(3)　答申の「教員」という語は，多くの場合「教師」に置き換えている。

る愛着，誇り，一体感に支えられた知識，技能の総体」であり，「素質」とは区別され後天的に形成可能なものであるとしたうえで，「いつの時代にも教員に求められる資質能力」(不易)と「今後特に求められる具体的資質能力」(流行)の二つに分けている。前者については，昭和62年答申「教員の資質能力の向上方策について」を再掲するかたちで次のように示している。

> 学校教育の直接の担い手である教員の活動は，人間の心身の発達にかかわるものであり，幼児・児童・生徒の人間形成に大きな影響を及ぼすものである。このような専門職としての教員の職責にかんがみ，教員については，教育者としての使命感，人間の成長・発達についての深い理解，幼児・児童・生徒に対する教育的愛情，教科等に関する深い理解，広く豊かな教養，そして，これらを基盤とした実践的指導力が必要である。

ここには，「いつの時代にも求められる資質能力」として，以下の六つの項目があげられている。その一つひとつについて考えてみよう。

(1) 教育者としての使命感

　教師は「教える」(社会化)と「育てる」(個性化)という教育に内在する二つの側面を，子どもたちとの全人格的なかかわりのなかで実践していくものである。教師が，子どもたちの人格形成に与える影響力はきわめて大きなものである。教師は，子どもたちの成長・発達に重い責任を負っているのであり，その仕事に対する使命感が強く求められる。

(2) 人間の成長・発達についての深い理解

　子どもたちの成長・発達には，共通の過程があるにしても，一人ひとりに目を向ければ，それぞれがちがった存在であり，その成長・発達の姿は，必ずしも同じではない。教師には，子どもたち一人ひとりの成長・発達の姿をよく見極めて，各人の個性に応じたかかわりが必要とされるのであって，そのためには，人間の成長・発達についての深い理解が求められる。

(3) 幼児・児童・生徒に対する教育的愛情
　教師の働きかけは，子どもたち一人ひとりがより望ましい方向へと成長・発達していくことを願って行われるものである。そこには子どもたちをかけがえのない存在として無条件に受容し，肯定しつつ，同じ真理の探究者として，子どもたちをより高い価値へと呼び覚ましていこうとする積極的な働きかけがみてとれる。こうした教師の働きかけが教育的愛情であり，教育に不可欠な本質的要素である。

(4) 教科等に関する専門的知識
　教科等とは，たとえば，各教科，道徳，特別活動，総合的な学習の時間，外国語活動であり，これらは教師の仕事の中心に位置づけられるものであって，それぞれに関する専門的知識を身につけることは当然のことである。子どもたちが学校での生活を有意義で実りあるものだと感じるためには，豊かな専門的知識にもとづいて，教師が学びの共同体として学級や授業を創り出していくことが大切である。

(5) 広く豊かな教養
　教師の仕事は，学習指導だけでなく，生徒指導，進路指導，学級経営など多岐にわたっている。教師は，これらの仕事を通して，子どもたち一人ひとりの個性を見極め，その人間的な成長や発達へと支援していかなければならない。そのためには，教科等に関する専門的知識を備えるだけでなく，豊かな教養を身につけ，広い視野に立った適切な指導が求められる。

(6) これらを基盤とした実践的指導力
　知ることと実践することは，必ずしも同じではない。生身の人間がふれ合う教育の現場は，時々刻々変化していくのであって，学んだ知識をそのまま型どおり当てはめればよいというものではない。教師が，今，目の前にいる子どもたちの教育にたずさわっている以上，教師にはその状況に応じた適切な実践的

指導力が求められるのである。

2 今後とくに求められる具体的資質能力

　上述したような資質能力を身につけることがいつの時代にも教師に求められるとしても，教師はそれだけで務まるものではない。教師は時代とともに生きているのであって，時代が教師に求める資質能力があるからである。

　現在，私たちは，変化の激しい社会―国際化・情報化の進展，科学技術の発達，少子高齢化の進行や環境問題の深刻化など―に生きている。また，学校はいじめ，不登校，学級崩壊，情報モラルなどの深刻な問題をかかえている。こうした時代にあって，わが国の学校教育は，子どもたちに「生きる力」を育むことを重要な課題としている。教師には，学習指導の面のみならず，生徒指導，進路指導，学級経営の面でも新たな資質能力が求められている。

　これらのことをふまえたとき，教師には，図10.1のように (1) 地球的視野に立って行動するための資質能力，(2) 変化の時代を生きる社会人に求められる資質能力，(3) 教師の職務から必然的に求められる資質能力が求められることになる。以下に，答申が例示している具体的な資質能力をみていこう。

(1) 地球的視野に立って行動するための資質能力

　今日はきわめて変化の激しい時代であり，世界の人々の日々の営みは国境を越えてさまざまに影響を及ぼしあうようになってきている。21世紀を生きる子どもたちには，日本国民であるとともに「地球市民」であることが求められ，したがって，子どもたちの教育に直接当たる教師にもそれにふさわしい資質能力が不可欠である。

　また，教師が公共の精神や道徳性を涵養しつつ，子どもたちの豊かな人間性を育てる任に当たることを鑑みれば，教師自身に思いやりの心やボランティア精神を適切に身につけることが大切である。

```
┌─────────────────────────────────────────────────┐
│ 地球的視野に立って行動するための資質能力         │
│  ┌─────────────────────────────┐               │
│  │ 地球, 国家, 人間等に関する適切な理解 │         │
│  └─────────────────────────────┘               │
│    例：地球観, 国家観, 人間観, 個人と地球や国家の関係についての適切な理解, 社会・
│      集団における規範意識
│  ┌──────────┐
│  │ 豊かな人間性 │
│  └──────────┘
│    例：人間尊重・人権尊重の精神, 男女平等の精神, 思いやりの心, ボランティア精神
│  ┌──────────────────────────┐
│  │ 国際社会で必要とされる基本的資質能力 │
│  └──────────────────────────┘
│    例：考え方や立場の相違を受容し多様な価値観を尊重する態度, 国際社会に貢献する態
│      度, 自国や地域の歴史・文化を理解し尊重する態度
└─────────────────────────────────────────────────┘
┌─────────────────────────────────────────────────┐
│ 変化の時代を生きる社会人に求められる資質能力     │
│  ┌──────────────────┐
│  │ 課題解決能力に関わるもの │
│  └──────────────────┘
│    例：個性, 感性, 創造力, 応用力, 論理的思考力, 課題解決能力, 断続的な自己教育力
│  ┌────────────────┐
│  │ 人間関係に関わるもの │
│  └────────────────┘
│    例：社会性, 対人関係能力, コミュニケーション能力, ネットワーキング能力
│  ┌──────────────────────────┐
│  │ 社会の変化に適応するための知識及び技能 │
│  └──────────────────────────┘
│    例：自己表現能力（外国語のコミュニケーション能力を含む), メディア・リテラシー,
│      基礎的なコンピュータ活用能力
└─────────────────────────────────────────────────┘
┌─────────────────────────────────────────────────┐
│ 教員の職務から必然的に求められる資質能力         │
│  ┌──────────────────────────────┐
│  │ 幼児・児童・生徒や教育の在り方に関する適切な理解 │
│  └──────────────────────────────┘
│    例：幼児・児童・生徒観・教育観（国家における教育の役割についての理解を含む）
│  ┌──────────────────┐
│  │ 教職に対する愛着, 誇り, 一体感 │
│  └──────────────────┘
│    例：教職に対する情熱・使命感, 子どもに対する責任感や興味・関心
│  ┌──────────────────────────────┐
│  │ 教科指導, 生徒指導等のための知識, 技能及び態度 │
│  └──────────────────────────────┘
│    例：教職の意識や教員の役割に関する正確な知識, 子どもの個性や課題解決能力を生か
│      す能力, 子どもを思いやり感情移入できること, カウンセリング・マインド, 困難
│      な事態をうまく処理できる能力, 地域・家庭との円滑な関係を構築できる能力
└─────────────────────────────────────────────────┘
```

図 10.1 今後とくに教員に求められる具体的資質能力の例　　出所）教養審第一次答申より

（2）変化の時代を生きる社会人に求められる資質能力

　教師は，教職という専門的職業に従事する社会人である。しかも子どもたちの教育に直接あたり，その人間性に大きな影響を及ぼすというその職務の性質からすれば，教師にはすぐれた資質能力を備えた社会人であることが求められる。

　現代社会に生きる社会人に共通して求められる第一は，創造力や応用力などに裏づけられた課題解決能力である。さらには，それを生涯にわたり高めてい

くことのできる自己教育力であろう。

　専門的職業従事者の職務には，一般に定型的処理になじまず，そのつど状況を分析し判断し，答えを出していかなければならないものが数多く含まれる。教師の職務もまたこのような性質が強く，教師の課題解決能力，創造力，応用力などの涵養や継続的な自己教育力が求められるであろう。

　第二に，人間関係を円滑に保つ能力が重要である。子どもたちはもとより，上司や同僚教師，保護者や地域住民などと良好な人間関係を形成・維持することは，教師の職務を円滑に遂行するうえできわめて重要なことである。

　第三に，国際化，情報化等社会の変化に対応する実際的な能力として，しばしば話題にあがるように，外国語によるコミュニケーション能力やコンピュータの基礎的な活用能力が求められるであろう。

(3) 教師の職務から必然的に求められる資質能力

　教師の職務内容に具体的・直接的にかかわる資質能力としてはどのようなものが必要であろうか。このことについては，すでに本章1の「いつの時代にも求められる資質能力」において述べたことである。しかし，教師の資質能力のなかでも最も子どもと直接かかわるものとして重要視されなければならないものなので，教養審答申で提示されたものについて再度述べることにする。

　まず第一に，幼児・児童・生徒観，教育観といった，子どもの教育に関する適切な理解が求められる。今日，いじめや不登校，薬物乱用，情報モラルなどを巡り深刻な問題が生じているなかで，教師には子どもや学校に対するしっかりとしたものの見方が必要である。

　第二にあげられるのは，教職に対する情熱・使命感，子どもに対する責任感，興味・関心といった事項である。

　最後にあげられるのは，当然のこととして，教科指導，生徒指導などを適切に行うための実践的指導力の基礎である。

3 今，教師に求められること―学び続ける教員像の確立―

　教養審答申は，教師に求められる資質能力は「生涯にわたり向上が図られるべきもの」との認識に立っていた。中教審答申は教職生活全体を通して「学び続ける教員像」の確立が重要であるとの認識を明確にしたうえで，教員免許制度を含むこれからの教員養成のあり方の方向性を定めている。ここでは，「学び続ける教員像」を中心に中教審答申をみていくことにする。

(1) これからの社会と学校に期待される役割

○　グローバル化や情報通信技術の進展，少子高齢化など社会の急激な変化に伴い，高度化，複雑化する諸課題への対応が必要となってきており，多様なベクトルが同時に存在・交錯する，変化が激しく先行きが不透明な社会に移行しつつある。

○　こうしたなかで，幅広い知識と柔軟な思考力にもとづいて，知識を活用し，付加価値を生み，イノベーションや新たな社会を創造していく人材や，国際的視野をもち，個人や社会の多様性を尊重しつつ，他者と協働して課題解決を行う人材が求められている。

○　これに伴い，21世紀を生き抜くための力を育成するため，これからの学校は，基礎的・基本的な知識・技能の習得に加え，これらを活用して課題を解決するために必要な思考力・判断力・表現力などの育成や学習意欲の向上，多様な人間関係を結んでいく力の育成などを重視する必要がある。これらは，さまざまな言語活動や協働的な学習活動を通じて効果的に育まれることに留意する必要がある。さらに，地域社会と一体となった子どもの育成を重視する必要があり，地域社会のさまざまな機関などとの連携の強化が不可欠である。

○　また，学校現場では，いじめ・暴力行為・不登校など生徒指導上の諸課題への対応，特別支援教育の充実，外国人児童生徒への対応，ICTの活用の養成をはじめ，複雑かつ多様な課題に対応することが求められている。加えて，社会全体の高学歴化が進行するなかで教員の社会的地位の一層の向上を図る

ことの必要性も指摘されている。
○　このため，教師がこうした課題に対応できる専門的知識・技能を向上させるとともに，マネジメント力を有する校長のリーダーシップの下，地域の教育力を活用しながら，チームとして組織的かつ効果的な対応を行う必要がある。
○　もとより，教師の自己研鑽の意欲は高いものがあり，日本の授業研究の伝統は諸外国からも注目され，こうした自主的な資質能力向上の取り組みがこれまで日本の教育の発展を支えてきたとの指摘もある。今後，学校をとりまく状況が大きく変化していくなかで，そうしたさまざまな校内・校外の自主的な活動を一層活性化し，教職員がチームとして力を発揮していけるような環境の整備，教育委員会などによる支援も必要である。

(2) これからの教師に求められる資質能力
○　これからの社会で求められる人材像をふまえた教育の展開，学校現場の諸課題への対応を図るためには，社会からの尊敬・信頼を受ける教師，思考力・判断力・表現力などを育成する実践的指導力を有する教師，困難な課題に同僚と協働し，地域と連携して対応する教師が必要である。
○　また，教職生活全体を通じて，実践的指導力などを高めるとともに，社会の急速な進展のなかで，知識・技能の絶えざる刷新が必要であることから，教師は探究力をもち，学び続ける存在であることが不可欠である（「学び続ける教員像」の確立）。
○　上記をふまえると，これからの教師に求められる資質能力は以下のように整理される。これらは，それぞれ独立して存在するのではなく，省察するなかで相互に関連しあいながら形成されることに留意する必要がある。
(i) 教職に対する責任感，探究力，教職生活全体を通じて自主的に学び続ける力（使命感や責任感，教育的愛情）
(ii) 専門職としての高度な知識・技能
　・教科や教職に関する高度な専門的知識（グローバル化，情報化，特別支援教

育そのほかの新たな課題に対応できる知識・技能を含む）
・新たな学びを展開できる実践的指導力（基礎的・基本的な知識・技能の習得に加えて思考力・判断力・表現力などを育成するため，知識・技能を活用する学習活動や課題探求型の学習，協働的学びなどをデザインする指導力）
・教科指導，生徒指導，学級経営などを的確に実践できる力

(iii) 総合的な人間力（豊かな人間性や社会性，コミュニケーション力，同僚とチームで対応する力，地域や社会の多様な組織などと連携・協働できる力）

(3) 学び続ける教師像の確立へ向けて

　私たちは，変化が激しく先行き不透明な時代に生きている。こうした時代にあって，私たちは習得した知識・技能が陳腐化しないように絶えず刷新をしていかなければならない。また，学校現場では，ICTの活用，外国人児童・生徒への対応，特別支援教育の充実，いじめ・暴力行為・不登校など生徒指導上の諸課題への迅速で適切な対応が求められている。

　こうした状況を鑑みて，中教審答申は，教育委員会と大学との連携・協働によって教師が理論と実践を往還しやすい環境を整えるなど，学び続ける教師を支援するしくみをつくるとともに，教職大学院制度の発展・拡充をすることにより，教員養成を修士レベル化し，教師を「高度専門職業人」と位置づけている。そして，教員免許を「一般免許状（仮称）」「基礎免許状（仮称）」「専門免許状（仮称）」にしていく改革の方向性を示している（ただし，幼稚園教諭については，二種免許状の取得者が7割を超える現状をふまえて，適切な制度設計を検討していくとしている）。また，「義務教育免許状」など，複数の学校種をまとめた教員免許状の創設も視野に入れている。

第11章
教えること学ぶこと ―自己研修―

　「教職論」は，教職専門科目の冒頭に位置づけられ，これから受講する教職専門課程の学習に対する課題意識の萌芽や学習を達成していくうえでの基盤となるものを学ぶ科目である。本章では，教職論の精神的支柱となる，いわば教師像や教師観について述べる。

1　教師の果たすべき役割

　多くの者が，長い学校生活のなかで，たくさんの人間たちに出会い，かかわり合いながらさまざまなことを学んできた。なかには，ある教師との出会いによって，現在の自分があると考える人もいるであろう。子どもにとって教師とは，ある時には先達となり，また親やきょうだいのように，友となりうる存在である。教師は，モデルとなり模範を示すだけでなく，子どもとともに考え，より善く生きる道を探る存在でもある。そればかりか，場合によっては「反面教師」という言葉もあるように，教師は負のモデルとしての影響すら及ぼしかねないのである。

　自分が幼児や児童・生徒であった頃のことを思い出してほしい。教師とのよい思い出は，教師の人格性（人間性）の面に偏りがちである。しかし，子どもたちには気づかれにくいが，一面で教師の専門性に支えられている部分も大きいのである。いくらやさしくて気前のよい教師でも，わからない授業しかできないようでは，子どもたちに満足感や達成感を与え，好奇心，探究心などを育んでいくことはできない。ペスタロッチ（Pestalozzi, J. H.）は，教師は人間形成者としての資質（personality）である真実に満ちた「人間愛」と「教育愛」をもった「人格性」の上に，自己の専門教科の学問的実力（ability）と教授方法（skill or technique) をもつべきであるとしている。

　教師にとっては，人間愛・専門性・教育理念・社会貢献の精神・社会的使命感などさまざまなものが必要となる。したがって，人格性を問題にする以上，そこに，教師が，常に自らの人格性を厳しく顧み，自己研修を重ねていく責任と使命を自覚すべきである。つまり，教師は生まれながらにして教師であるのではなく，教師たらんとすることによってはじめて教師となりうるのである。

　次節では，教師の人格性の構築に向けて，ここでは，とくに教育家に限らず，4人のユニークな先達から生き方を学ぶこととする。

2　大　村　は　ま（1906～2005）

(1) 生い立ち

　大村はまは，1906年神奈川県横浜に生まれる。東京女子大学卒業後，1928年には長野県諏訪高等女学校に，その後東京府立第八高等女学校（現都立八潮高）へと赴任する。第二次世界大戦後の1947年には，20年勤めた高等女学校から新制中学校（目黒八中，石川台中など）に移った。1980年（73歳）まで公立中学校の現職教諭として生徒一人ひとりに合わせた自作の教材を用意し，皆が優劣を越えて国語の学習に没頭する時間の創出に奮闘した。彼女の教育に対する功績を讃え，1963年にペスタロッチ賞（現ペスタロッチー教育賞），1978年には日本教育連合会賞が贈られた。96歳になっても鳴門教育大学で講演を行うなど，2005年4月に98歳で他界するまで新しい教材などを構想し，各地で国語教育についての提言を続けた。

(2)「教えるということ」へのこだわり

　大村は，教師の「教えるということ」について徹底的にこだわりをもって取り組んだ実践家である。彼女は当時の教育実践に対する課題を「教えない先生

が増えた」と嘆いている。彼女は「教える」ということを，教える「目的がはっきり」しており，それが「達せられている」状況であると定義している。さらに，彼女は教師たるもの，教えるねらいや内容，方法について研究を怠らないようにしなければならないと述べている。

　次の話は，大村が2002年に行った講演において，以前に彼女が見学したある研究授業のエピソードを取り上げ，教師の役割について言及したものである。この研究授業は作文指導に関するものであった。授業者であるベテラン教師は，子どもの「先生書けました。これ（この文を），どこへ入れたらいいでしょう」という問いかけに対して，その子の頭をやさしくなでながら「それはね，このいい頭が考えるのよ」と応えたのである。こうした教師の行動に対して，大村は，子どもはうれしそうな様子であったが，子どもの頭を働かせるための肝心な教師の役割が何ら果たされていないことを指摘している。また，研究授業後の研究会に参加していたほかの教師たちについても，授業者の教室の雰囲気づくりや言葉遣いに対してのみ評価が向かい，本質的な授業評価には至らなかったことを指摘している。彼女は今日の「子どもに考えさせる」「子どもを生かす」「子どもの力で遂げさせる」といった美辞麗句で，本来授業において身につけさせるべきものが覆い隠され，子どもに考えることをさせない，身につけさせるべきもののない授業のあり方を，教師の怠慢として切り捨てている。これについて苅谷剛彦（2003）は，戦後の日本の教育において，少なからずの教師たちは「教える」という言葉に独特のイデオロギー（思想）性を付与し，「教える」ことが教師の一方的な傲慢さと解され，敵視される傾向があるという。こうした教師の役割が放棄されている実態を，彼は社会学的な視点から明らかにしている。

　大村は，教師の資格のなかに「研究すること」をあげている。その理由として，研究は，教師が「伸びたい」という気持ちをもち，それに教育に情熱をもって「燃えないと」できないこととしている。また，子どもは「身の程を知らぬ」ほどに「伸びたい人」であり，「勉強する（追求する）苦しみと喜び」のなかで生きる子どもと同じ世界に生きるには，教師も同様に研究をする苦しみと

喜びのなかに身をおかねばならないとしている。

　こうした，大村の厳しい教師観は，焼け野原となった終戦直後の混乱のなかにあって培われたものである。当時住む場所もままならない子どもの「伸びたい」という願いに応えたいが，授業に必要な教材や教具はおろか，机や椅子，窓ガラスすらない教室で授業に取り組むしかなかったのである。当初は，子どもに学習態度や習慣が身についていないため，授業の成立すらむずかしかった。しかし，ある時疎開の荷物から出てきた古新聞紙を教材にして，子どもの心をとらえる授業づくりができたのである。彼女は，海綿が水を含むように学習に傾注する子どもたちの様を目の当たりにして，教材研究の必要性とすばらしさに気づくのである。「静かにしなさい」も必要なくなったのである。大村は，そのときの感動を，一心不乱に活動している子どもが「何とも言えない澄んだ目」をして，「やる気になると人はこんな顔になるのかと胸をつかれ」，思い余って「声を上げて泣いた」と述懐している。さらに，彼女は，子どもは常に「できるようになりたい」「伸びたい」と切望しており，「自分に合った教材」に出会えれば「食いつくように勉強する」と真髄を述べている。

　大村は教材開発において，卓越したアイデアと何ものをも教材として活用することのできる能力に秀でていた。「やさしい言葉で」という実践に示されているように，教材を子どもの生活と結びつけながら展開することを大切にした。この実践が行われた当時は貧しい時代で，子どもにとって羨望の的であった鉛筆の広告を教材として使うことで，いやがおうにも子どもたちの学習意欲を刺激した。こうして，広告文のわかりやすさを考える授業は，鉛筆の購買を高める動機づけが子どもたちに検討され，おおいに盛り上がった。彼女はそれをきっかけにして，すべての子が「教科書の文章を本当によく理解するようになった」ことを記している。学習の成果は単元の学習効果のみならず，身近な教材の存在を子どもたちに気づかせた。以降，学ぶことの楽しさを知った子どもたちは，興味のある広告を見つけては教室に運んでくるようになった。

　教師の教材研究の賜である教材により，子どもの学習への可能性を引き出し，子どもが学びの喜びを感じることを，教師として常に追求していかなければな

らない。大村のように，身のまわりに存在するものを縦横無尽に教材化できるようになるためには，常に子どもの教育に関する専門的な知識と，自分の生活や感性・感覚を子どものために役立てたいという教育愛と緊張感，執着心が必要になるのである。

3 吉川 英治（1892～1962）

(1) 生い立ち

吉川英治は，1892年神奈川県久良岐郡（現横浜市）に生まれる。父の事業失敗のため，小学校卒業目前で中退し，波瀾の少年期を過ごす。上京後，まず蒔絵師の徒弟に，続いて川柳家井上剣花坊門下となり『大正川柳』で名をあげる。翌1922年に東京毎夕新聞社に入社，「親鸞記」を連載した。1926年「鳴門秘帖」連載の評判と，伝奇性豊かな波瀾万丈の物語で，一躍大衆文壇で人気を呼んだ。1935年日本青年文化協会を設立し，機関誌の発行や文化活動を行う。同年の『宮本武蔵』は，後の文学への道を方向づけた。その後『太閤記』『三国志』『新・平家物語』『私本太平記』などを発表し，1960年には文化勲章を受章した。1962年に他界するまでに，長編約80編，短編約180編という膨大な作品を執筆し，今日においてもなお国民文学作家として愛読されている。

(2)「我以外皆我師也（われ以外みなわが師なり）」を座右の銘として

吉川は，川柳をはじめ大衆小説，歴史小説などの幅広い分野で活躍した。彼

は，家庭の都合で小学校卒業を目前に中退せざるをえなかったことからも，とくに高度な教育を受けることで作家としての能力を開花させたのではない。彼が自らの能力を開花させ，今日の位置を不動のものとしたのは，謙虚に身のまわりの人びとの声に耳を傾け，すべての出来事や存在を学びの対象にできたことにあった。彼が作品のなかで宮本武蔵の言葉として示した「我以外皆我師也（われ以外みなわが師なり）」を，作者である彼自身が座右の銘としたことは有名である。代表作『宮本武蔵』は，彼が最も人生の師として崇めた人物の生き様を著したものであった。彼は武蔵を単なる剣術家ではなく，人間形成の過程をたどりながら，理想の人間像として書き上げた。武蔵という剣の道を究めた人物が，このような謙虚な考え方をもち，生涯研鑽を重ねたことに吉川は感激し，その生き方を受け継ごうとしたのである。人間は，他人よりはすぐれていたい，優越感を感じて生活したいという本能をもっている。人間は，自分が他人よりもすぐれていると感じることが，自分の向上のために働けば，より善く生きるための動機となるが，多くの場合，奢りや傲慢さにつながりやすいものである。さらに，奢りや傲慢さは，現状に甘んじ，努力し，学び，研鑽を積むという向上心を失わせることになる。武蔵は修行を積み超一級の剣術家になってもなお，生涯「我以外皆我師也」を貫き，謙虚にすべてのものを師として学び続けたのである。

　茶道，華道，剣道，柔道などの「道」という考えの真髄は，たとえば茶道であれば，茶の湯を通して人格性の陶冶を目指すところにある。単に技術の体得をめざすのではなく，道を究める過程で自らの生き方を模索することを目的としたものである。武蔵が書画の世界に足を踏み入れたのも，より豊かな人格性の陶冶に気づき，めざしたからにほかならない。

　吉川が，作品のなかに自らの生き方を綴り込んでいることからも，彼にとっての作品は，世に対して自分の生き方を提示し，教材を提供しようとする行為の一端のようなものであったと思われる。彼の作品は，ただ生業としてではなく，自らの生き方を示すための媒体であった。そうした彼の生き方や作品のなかに，教師のあり方のみならず，教師の生き様を教材に反映するような教材観

に至るまでを重ね合わせてみることができる。また、武蔵の生き方から人間の生き方を見いだした吉川は、謙虚に学ぼうとする素養に加えて、旺盛な知識欲や好奇心をももちあわせていたといえる。

　自分以外のすべての物事や人に学ぶ姿勢は、子どもに学ぶことにもつながるが、それは実際にはなかなかむずかしいものである。教師は、子どもとの立場の関係から、図らずも傲慢になっている場合も少なくない。教育として本来必要な「教えるべきこと」が、いつしか「押しつけ」に転じ、その状況に気づかないことがある。「我以外皆我師也」の思いを大切にし、謙虚さと好奇心をもってすべてのものとかかわり、人間として、教師として、成長したいものである。

4　宮澤　賢治（1896～1933）

(1) 生い立ち

　宮澤賢治は、1896年に岩手県稗貫郡川口町（現花巻市豊沢町）に生まれ、わずか15歳（1911年）で短歌創作をはじめる。1914年には盛岡中学を卒業するが、入院のため進学を断念する。しかし、翌年には盛岡高等農林学校（現　岩手大学）農学科第二部に首席入学する。1918年に盛岡高等農林学校を卒業後、同校研究生、盛岡高等農林実験指導補助嘱託となるが、その後1921年に補助嘱託を辞退後、稗貫農学校（花巻農学校）の教諭となる。1924年には『注文の多い料理店』を自費出版する。1926年に花巻農学校での5年の教職を終え、1931年東北砕石工場の嘱託技師となるが、その後何度も発病、病臥を繰り返しながら、同年に

は「雨ニモマケズ」を著した。1933年に急性肺炎で容態が急変し37歳で没したが，死の直前まで農民の肥料相談に応じつつ，創作活動を続けた。

(2) 心に響く「私が先生になったとき」
　賢治は，夢のある詩や童話を書いた作家として今日もなお有名で，『やまなし』や『注文の多い料理店』など多くの作品が，学校で教材とされている。自然の移ろいやそこで生活するさまざまなものに心を通わせ，独特の感性でそれを作品化した。メルヘンチックな賢治の作品からは想像できないが，農業者とのかかわりや農林学校での教育から，彼がすばらしい教師であったことをうかがわせる。さらに「雨ニモマケズ」に謳われたように，賢治は生涯多くの人びとに対して，無力ではあるがともに生き，何かの役にたてるような人間になりたいと願い続けた。謙虚で人間愛に富んだ賢治の人格性が感じられる。

> 私が先生になったとき　　　　　　宮澤賢治
>
> 私が先生になったとき自分が真理から目をそむけて
> 子ども達に本当のことが語れるか
> 私が先生になったとき自分が未来に目をそむけて
> 子ども達に明日のことが語れるか
> 私が先生になったとき自分が理想をもたないで
> 子ども達にどんな夢を語れるか
> 私が先生になったとき自分にほこりをもたないで
> 子ども達に一緒に胸をはれと言えるか
> 私が先生になったとき自分がスクラムの外にいて
> 子ども達に仲良くしろと言えるか
> 私が先生になったときひとり手を汚さずに
> 子ども達に自分の腕を組んで
> ガンバレ・ガンバレと言えるか
> 私が先生になったとき自分の闘いから目をそむけて
> どうして子ども達に勇気を出せと言えるか

「私が先生になったとき」は作者不詳とされるが，賢治の作品であるという説も根強い。この詩は，永きにわたり多くの教師を志す者，教師になった者たちが目標とし，自らを律するための座右の銘として詠み継がれている。これが賢治の詩であれば，彼の教師観が力強く表現されたものといえる。

　この詩のなかの一つひとつの言葉が，何とも強く心を打つ。教師は子どもに勇気と希望を与える存在でなければならないゆえに，教師は自らを振り返り，戒め，子どもたちのモデルにふさわしい存在となるために，日々研鑽を重ねるべきことが謳われている。また，生きる先達として，模範として，一生懸命に生きる子どもに対して恥ずかしくない教師でありたいと念ずる思いが伝わり，教師に必要となる人格性について表現した作品である。詩における「真理」「誇り」「自分の闘い」などの言葉から，教師が自らの立場を厳しくとらえる必要があることを示しているが，それだけでは不十分である。それは「未来」「理想」などの言葉が意味するように，教師が夢をもって未来を考え，崇高な理想をもって生きなければならないことを教えている。つまり，教師は自分を厳しく鍛え，自らを顧みる反面，豊かな人間的魅力を開花させ，匂わせることも必要である。よく学び，生活を楽しむことのあらわれとして，賢治は農学校の生徒たちに，農業に関する専門的なことに関する指導を行うことのほかに，詩や音楽をともに創作，演奏，演劇などをして楽しんだと伝えられている。

　また，賢治は教師として，子どもから見ると少し風変わりなところもあったが，実際の経験を重視して子どもの知的関心を育てることに熱心であった。彼の作品中にも出てくるが，実習や山歩きなどにもよく生徒を連れて出かけたようである。『グスコーブドリの伝記』に記されているように，教室での授業に固執せず，自由に教育の方法についても考えたようである。

　賢治は，教師として，作家として，詩人として，農事指導家として，多くの人びとや自然とともに生活することをとおして，自分のすべきことを彼なりの感性でとらえ，それに邁進したのである。

5 宮城まり子（1927〜）

(1) 生い立ち

宮城まり子は，1927年東京の貧しい母子家庭に生まれ，幼少期に母や弟と死別するなど，つらい子ども時代を過ごした。1950年に歌手デビュー，1953年に発表した曲が流行して一躍有名となったあとも数々のヒット曲を連発し，NHK紅白歌合戦にも8度の出場を果たした。その後，声優や女優業にも進出し，1958年に文化庁芸術祭賞，
1959年に東京演劇記者会からテアトロン賞を受けるなど，それまでの彼女の芸能生活は華々しく順風満帆なものであった。

しかし，1968年になると一転して芸能活動を事実上引退するかたちで，静岡県御前崎市に（1997年に掛川市に移転）日本最初の肢体不自由児養護施設「ねむの木学園」を設立し，障がい者への教育・福祉への道を歩み始める。1974年には学校や施設の存在を紹介し，社会への啓発を目的とした記録映画『ねむの木の詩』を製作・監督し，第6回国際赤十字映画祭で銀メダル賞を受賞した。1979年には学園設立以来の実績が認められ，必要により成人後も入所を継続することのできる肢体不自由児養護施設という新しい制度の認可を受け，「ねむの木養護学校」を発足させた。同年にはテレビ番組を通して身体障がい者の社会参加を訴えたことが評価され文部大臣表彰，1980年には女性の地位向上への貢献により「アデライデ・リストリ賞」を受賞した。さらに，1982年には念願であった「ねむの木養護学校高等部」を開設させた。

ほかにも彼女の地道な障がい者の養護や教育などに関する活動は，国内外で高く評価され，多くの表彰を受けることとなった。一部の顕著なものについてのみ紹介するが，その足跡に彼女の生き様と功績をみることができる。まず，20年にわたる障がい児への教育実践に対する貢献とともに，その成果が国内外の

障がい児教育の普及に寄与したことが認められ，1988年に「ヘレンケラー教育賞」を受賞した。また，1991年には肢体不自由児の情操教育に力を注ぎ，その表現力の豊かさを世に知らしめたとともに，特殊教育の振興に顕著な功績をあげたことが認められ「辻村教育賞」が贈られた。さらに，わが国最初の肢体不自由児養護施設を開設し，子どもの才能と可能性を信じた教育実践に専心してきたことが評価され1992年に「ペスタロッチー教育賞」が授与された。1993年には障がい児教育に献身的に取り組み，子どもの隠れた才能を引き出した教育成果が「福祉は文化」であることの表出と評価され「東京都文化賞」を受賞。1994年には人類の社会的な価値観を積極的に実証している人たちへの支援を目的とした「セイクリッド・ソウル賞」が，Culture Careにおける世界的に模範的活動を実践していることが認められ贈られた。1996年には日本肢体不自由児協会より「高木賞」，2004年には障がい児教育に取り組み，高等学校や大学への進学の道を開いたとして「石井十次賞」が，それまでのすべての功績が讃えられ2012年，瑞宝小綬章が授与された。

宮城は，現在も社会福祉法人や学校法人の理事長，「肢体不自由児療護施設ねむの木学園」「学校法人　特別支援学校ねむの木」「身体障害者療護施設　ねむの木・のどかな家」の園長や校長を務めながら，子どもたちと生活をともにし，福祉や教育の現場に立ち，生涯学習をもとにした健常者やハンディをもった人，老人，若者がともに暮らせる「ねむの木村」を運営している。

(2) 豊かな感性からの出発

先に示したように，彼女の幼少期は決して豊かで恵まれたものではなかったが，そのなかで彼女に生まれながらに与えられたものは，豊かな「感性」であり，「人間愛」であったと思われる。個性は芸能活動として結実していくが，その過程で芸をきわめようとすればするほど，その根源に流れる「人間の存在」を置き去りにすることはできなかった。取材や脳性麻痺の子どもの役を通して，障がいをもつ人々の存在と彼らへの不条理や不公正，自らの彼らに対する消極的な態度に憤りを感じるようになっていく。彼女は身体的に障がいがある子ど

もたちが，同じ人間として学ぶ権利や義務があるにもかかわらず，家庭的に恵まれないことから，学校教育や生活の場が与えられない現状があることを知らされる。さらに，それらに関する法律や制度もないことを知り，彼らにふさわしい施設を設立することを決心する。普通の人であれば，ただ憤りを感じるだけで終わってしまうかもしれないが，彼女はすぐに行動を起こしたのである。何も知らなかった彼女は，当時の厚生省に幾度となく出向き，話を聞き，嘆願書や申請書を書き，粘り強く交渉を重ねた。しかしながら，こうした行動が，すぐに実を結んだわけではない。その間，彼女は芸能活動の時間の合間をぬっては，脳性麻痺や自閉症などの障がいについて，さらにモンテッソーリの感覚教育などについて熱心に自ら学んだのである。

　念願の養護学校や施設の認可が認められたのちも運営は多難で，それまでの芸能界で得てきたもののみならず，必要であれば学園での仕事を中心としながらも芸能活動によって収入を得，それらを養護学校や施設の運営に注ぎ込んでいったのである。また，それらを多様な障がいの状況をもつ人々も利用できる施設にしていくためにも，そうした活動は続けられる必要があったのである。つまり，彼女は艱難辛苦（かんなんしんく）を乗り越え，全身全霊をかけ，ねむの木学園とそこに集う子どもたちのために，生きていることのすべてをかけたといっても過言ではない。さらに，彼女はねむの木学園の利用者のみならず，障がい者に対する法律の改正や制度の創設，改正，福祉施設や設備の設置などを直接大臣や省庁，機関に陳情を行うなど，わが国の教育や福祉に対して大きな貢献を果たしてきたのである。

(3) 人として尊び，支え合いながら，ともに生きる

　当初の運営はたいへん厳しいものであったが，千秋の思いで設立した施設で行われる教育や養育は，子どもの個性や可能性を信じた，楽しく，自由で，活気に包まれたものであった。それらは子どもたちの思いを大切にしたところから生じる独特の内容や方法で行われ，教育や運営の方針は，「集中感覚教育」「生活指導と学校教育の一体化」「無学年制の教育」「環境の整備におけるこまやか

な配慮」「家族としてのねむの木学園」「積極的な対外活動」「ねむの木村の建設」などというものであった。

　そこでの教育や養護は，以下に示す「ねむの木学園のモットー」に示される宮城の人間観や教育観により導き出されたものである。やさしさとは真の人間らしさであり，自らの身の上に生じる困難や喜びを受け入れるだけの力を各々がもっている。何人も，その過程で生じるさまざまなことを感じ，心を動かし，根気よく挑戦し，経験し，感謝し，自律し，そうした自らの心を形に表すことに喜びを感じるのである。その過程や結果から，かけがえのない自己の存在に気づき，自信をもつこと，それ自体が尊く，また大切である。そのために，学校や施設は子どもの心の声をきき，子どもから学びながら，子どもの願いを具現化させていく場であり，さらに，そうした場や時間などを提供し，支援していくことが教師の役割といえる。

　宮城の考え方や行動は，信仰深いクリスチャンであることに由来するものであろうが，ひとえに障がいのあるなしにかかわらず，互いに人として尊び，支

ねむの木学園のモットー

オープンクラス（小中学部）	高　等　部
やさしくね やさしくね やさしいことはつよいのよ	わたしたちは 造形の神のたまわれた試練を恩恵とうけとり あらゆる困難にたえ 楽しく　強く　そしてたよることなく やさしく　あくまでもやさしく 感謝し　ものごとに対処し 根気よく　自分の造形に挑戦したい 心おどるであろう これがわたしたちのやったことだと

出所）ねむの木学園 H.P.　http://www.nemunoki.or.jp/index.html より転載

え合いながら，ともに生きたいという彼女の「人間愛」によるものといえよう。

6 教師自らが育っていくために

　教育思想史や教育哲学などから教師像や教師観を学ぶことは多いが，ここで取り上げた四者からも多くのことが学べた。学ぶ側に「我以外皆我師也(われいがいみなわがしなり)」の思いがあれば，さまざまなものが師となることが明らかとなった。

　四者の人格性や人間観，教師像，教師観に共通する点は，人間愛や教育愛に支えられた動機から，自らを厳しい立場におき，すべてのものから謙虚に学ぼうとする態度である。また，教師の役割を果たさんとするための研究と研鑽を自らに課したことである。

　豊かな時代となり，教師の間には，必要なものが十分に整った環境でなければ，いい教育はできないと思われる傾向がある。しかし，過去の貧しい時代において，あれほどの教育が実践されていた。子どもの心の叫びに気づき，それに応えようとする教師の思いが，度重なる教材研究を生じさせ，やがて結晶として子どもの血となり肉となっていったのである。子どもに力をつけてやりたいという教師の思いが，身のまわりの紙くずを貴重な教材に仕立てあげたのである。

　教師のもつ教師観や教師像は，精神論に止まってはならず，子どもの教育活動に具体的な形となってあらわれ出るものでなくてはならない。そのためには自己研修が必要となる。現代において教師の研修は法的に義務化されているものの，義務であるから研修を行うのでは生きたものとはならない。子どもたちに生涯学習の精神を培っていくのであれば，教師もまた「生涯学習の人」でなくてはならない。常に教師自らが反省し，学び，新たなものを産み出す気概をもたなくてはならない[1]。

(1) 研修については下村哲夫，ライフ・サイクルとしての教師のアイデンティティの発達や研修についてはリーバーマン（Lieberman, M.）やカッツ（Katz, L. G.）の文献が参考となる。

どのような思いや考えで教師は，子どもどう向き合いどう受けとめ，どのように授業を行ったのかが忘れ去られていくことがよくある。人間として，教師として，自己成長するためには，その日その日の印象的できことでもよい，5分間記録を奨励したい。記録上のきまりはとくにないが，負担になっては毎日続かないので，必ず5分間で記録を行うことである。記録時間は5分間であるが，考える時間は通勤などの時間をいかにうまく使うかによる。毎日の記録は，やがてその後の教育活動へフィードバックされるとともに，記録の工夫と蓄積，時間の有効利用術をも体得させる。さらに，長い間蓄積された記録内容を振り返ると，その都度の自らの関心の変化に気づき，自らの教育技術はもちろんのこと，人間愛や教育愛について振り返ることができ，人格性の陶冶につながっていくはずである[(2)]。

　「啐啄同時」とは，孵化間際に，生まれくる雛鳥が殻を内側からコツコツとつつき壊そうとするのに対応して，卵を温める親鳥が殻の外側から殻を壊す手助けをすることをさす。この言葉は雛鳥と親鳥の協働性や，支援する親鳥の役割に準えて，教育や教師の役割と適時性を表す言葉として用いられる。殻の外から雛鳥に合わせてコツコツとやらない（できない）教師鳥は，雛鳥の命や健やかな育ちを奪ってしまうかもしれない。教師の役割について常にこだわっていきたいものである。

参　考　文　献

長田新（1957）『ペスタロッチー教育学』岩波書店
長田新校閲（1959-1962）『ペスタロッチー全集』全15巻，平凡社
大村はま（1996）『新編　教えるということ』筑摩書房
大村はま・苅剛彦谷・苅谷夏子（2003）『教えることの復権』筑摩書房
吉川英治（2002）『宮本武蔵』全7巻，講談社
宮沢賢治（1997）『宮沢賢治全集』全10巻，筑摩書房
佐島群巳（2014）『宮沢賢治の環境世界』国土社
屋比久貞雄（2002）『わが心の宮沢賢治』郁朋社

　(2)　カルテを使った授業記録など，上田薫の著書を参照のこと。

上田薫（1993）『ずれによる創造　人間のための教育』黎明書房

下村哲夫（1988）『先生の条件』学陽書房

Lieberman, M. (1956) *Education as a Profession*, Prentice ― Hall

Katz, L. G. (1977) "The developmental stages of Teachers", Talks with teachers : *National Association for the Education of Young Children*

宮城まり子（2007）『時々の初心―ねむの木学園の40年』講談社

宮城まり子（2007）『愛の風景―ねむの木学園』ねむの木学園・海竜社

ねむの木学園 H.P. http://www.nemunoki.or.jp/index.html

第12章 教員採用に向けて，今必要なこと

1 教師になる

「学校の先生になる」夢を実現しようと，教職課程で学んでいる。教育実習の受け入れ校も決まっている。卒業時には，教育職員免許状（以下，免許状）取得も見込まれる。しかし，教師として採用されなければ，仕事をすることができない。企業への「就活」に注目が集まるが，団塊の教師たちとの世代交代も一段落した今，公・私立を問わず，教師への道も「狭き門」である。

教員採用制度についても，改革案が提示されてもいて，現行の方法が長期にわたって維持されるものでもない。この章では，採用試験対策の手ほどきなどではなく，時代や地域，公私のちがいにかかわらず，最も原則的で，確実に理解してほしいことをまとめている。

どの職業でも同じはずだが，「教師という仕事を，自分の人生の選択肢とし，強くその実現をめざす」のかどうか，その意志を自分の心にしっかりと問うことから始めなければならない。それは，本格的に教職課程履修を決意し，登録なども行う，大学2年次の時期にである。「企業でも働きたいし，公務員もよさそうだ。先生もやってみたい」というのでは，多様な選択とプラスに受け止めることはできない。この程度の意志では，夢とは呼べない。明確な思いを固め

たら，周到な準備には，早くから取りかかるのに越したことはない。以下，公立と私立の教師への道を探る。

2　公立学校の教員への道

　公立学校（幼稚園，小学校，中学校，高等学校，中等教育学校，特別支援学校）の正規教員（教諭）となるには，各都道府県・政令指定市（以下，県市）が実施する「教員採用候補者選考」（これが正式な名称だが，以下，採用試験）を受け，合格しなければならない。その日程や試験の内容・方法は，県市によって異なる。現在は，広域で同日に採用試験が実施されているので，受験を希望する県市，校種・教科などの採用の有無とその条件，内容などを調べ，書類などを取り寄せ，説明会などに参加することから，教師への道が動きはじめる。

(1) 採用試験の受験申し込みから採用までの流れ

　参考例として，東京都の場合（2015年度）を次ページに図示しておく。4年次の一年間を，イメージしてほしい。どの県市においても，おおむね同じような流れをたどるが，細かな部分では同一ではない。また，試験の内容も毎年のように変更されている。必ず，**自分の希望県市**の，**最新のもの**を入手すること。

　採用試験に取り組むのは，教師への夢を実現しようとする**自分自身**なのである。各大学の教職課程では，教育委員会の担当者を招いて説明会を開くなど，「採用試験対策」をいろいろ講じている。資料も取り揃えている。しかし，自分の人生設計の初めの一歩からあなた任せにしてはならない。

(2) 採用試験の内容と基本的な対策

　採用試験に臨むためには，「実施要綱」を入手して熟読し，その指示に従って，申し込みをしなければならない。申し込み時の**提出書類**には，最近，豊かな経験や，教師としての意欲や使命感をつかみ評価するために，「自己アピールなどの申告書」の提出をさせたり，志願書に「クラブ活動・部活動，ボランティア

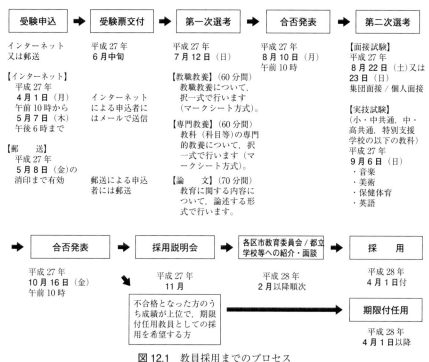

図 12.1 教員採用までのプロセス
出所) 東京都教育委員会「東京都公立学校教員採用候補者選考実施要綱」(2015)

活動，各種検定試験などの成績・資格，得意分野や重点的に履修した分野など」の記載を求める県市がほとんどである。大学等での授業にだけ熱心であったのでは，中身のある記述ができない。

　採用試験では，教育に関する知識をどれだけ獲得・保有しているかだけが問われるのではない。教職教養，一般教養，(教科の) 専門教養の筆記試験のほか，小論文 (論作文)，個人面接，集団面接や集団討論，学習指導案作成，模擬授業，場面指導，(小学校の水泳，音楽や中・高等学校の英語や保健体育などの) 実技，性格検査など，多様な検査項目が設けられている。

　これらは，別の章で述べているように，教科の指導力など得意分野の能力に長けるだけではなく，人間としての魅力をもち，個性豊かで高い資質を備えた教師を確保したいためであり，選考方法の多様化・選択尺度の多元化など，採

用試験の改善が，毎年各地で積極的に進められていることによる。狭い学力に偏重せず，人間性や社会性，対人関係能力を重視して，面接の方法改善も図られている。面接者も，教育委員会担当者や現職の校長・教頭などに加え，民間企業の人事担当者，カウンセラー・臨床心理士，保護者などを起用する県市も多い。以下，注意事項を指摘しておく。

①一次試験・二次試験

ほとんどの採用試験は，一次試験→二次試験の順に，2段階で行われている。内容構成は，県市により異なるが，一次試験は筆記中心，二次は面接その他が傾向としては多いが，面接が一次と二次の両方で課せられる場合もある。筆記試験がマークシート方式の場合と記述式の場合，両方を併用する場合などもある。一次の結果を判断にどう反映させるかは多様だが，いずれにしても一次を通過しなければ次には進めない。

各県市の「過去問集」が刊行されているので，それらも活用して傾向を把握し，分析をしておくこと。試験の傾向で出願先を決めるわけではないが，検討材料とはなる。

②筆記試験

一般教養 高校卒業程度の基礎的な学力を問うものと，一般常識や社会人（とくに教師）としての教養力やマナーを問うものとがある。後者は，日々の生活のなかで，具体的に獲得していかなければならない。

教職教養 教育原理（教育学）・教育心理・教育史・学習指導要領・教育法規，教育時事と答申などの5領域から出題されるが，幅広い分野から満遍なく出題もあれば，特定領域に集中する場合もあり，県市により傾向が異なる。ただ，どこを受験するにしても，学習指導要領・教育法規，教育時事と答申などは必須の出題領域で，配点も比較的高いところが多い。また，「ローカル問題」として，受験する県市の教育事情などに関する出題もみられる。教育委員会のホームページの「本県市の教育方針と特色」や「教育長メッセージ」などには必ずアクセスし，熟知しておくことが不可欠である。

専門教養 小学校は，教科別ではなく全教科，中・高等学校は免許状に応

じた教科の知識・能力を問うのが目的。児童・生徒に確かで，高い学力を育むためには，教師にも相当高いレベルの学識が要求される。にわか勉強で済むことはない。大学での専攻領域だけではなく，免許状教科に関する多方面の知識・学力を備えておくことも欠かせない。

③小論文（論作文）・面接・模擬授業・場面指導など

「人物評価を重視した選考」が，今日の教員採用の原則になっている。教師としてふさわしい人間性や教育実践力など，ペーパーテストでは測れない能力を，ここで評価しようとするのである。IQ（知能指数）だけではなく，EQ（心の指数）もという，子どもの評価と符合するものでもある。

「書くこと・話すこと・聞くこと」には，その人柄がよく表わされる。論旨を明確にし，一般論・抽象論ではなく，自分自身の体験（学校ボランティア，教育実習，豊富な読書など）をふまえた具体的な主張が必要である。専門用語を，十分な理解もせずに使うようなことは，すぐに見抜かれるものである。

模擬授業や場面指導も，多くの県市で実施されている。与えられた課題や指定された教科・単元について10分程度の授業をすることがある。また，当日題材が提示されるもの，ALTを相手に模擬授業を行うもの，受験者が学級担任役と児童生徒役になり，教室で学級全体を指導する場面を設定した対応や，絵本の読み聞かせなども実施されている。本当の実力が試される。

(3) 合格と採用

採用試験は，制度上競争試験ではなく，合格と採用がイコールではない。合格者は，公立学校教員採用候補者として名簿に登載され，そのなかから採用が行われるので，名簿登載されても採用されるとは限らない（実際には名簿登載者はほぼ採用されている）。ただし，大学4年次に「免許状取得見込み」で合格した場合，必要単位の未履修や卒業延期などで免許状が取得できなければ，当然名簿から削除される。

採用（辞令交付）は4月1日付だが，最近は，その日からただちに勤務ができるように，事前に研修を行い，配属なども決めている場合も多い。そのような

場に立つことをイメージしながら，大学での学びを幅広く，そして深めながら，対策にも周到に当たって，教師への扉を開いてほしい。

3　私立学校の教員への道

　私立学校は，創立者（個人または集団・団体）が，「このような教育を行いたい，こんな人間を育てたい」と願い，夢みた，「建学の精神」と呼ばれる教育の理想を掲げ，その実現をめざす学校である。誰にとっても共通にという公立学校とは異なり，際立った特色をもち，「独自性」が強い。代表例として，いわゆるミッションスクールを思い描けばよいだろう。

　個々の教師の人間観・教育観と学校のそれとが完全に一致することはあり得ないが，相反するようであっては困る。「私立学校ならばどこでもいい」などという動機であってはならない。公立と私立は，存在理由が異なるのであって，優劣を競ったりするのは間違いである。そこで，学校研究を周到にすることが何よりも重要である。そのうえで，原則転勤などはないので，定年を迎えるまで，一つの学校に奉職し，持続的な教育にたずさわることができる。

　採用に関しても，それぞれの学校ごとに，個別の方法で実施される。では，採用情報をどのように入手し，どのような対応をすればよいのか。

(1) 私立学校の教員求人情報の入手

　①一般財団法人日本私学教育研究所のホームページに掲載される「教職員採用情報・募集情報」を見る。全国の私立学校を，ほぼ網羅していて，土日祝日を除きほぼ毎日更新されている。募集学校のホームページにも，すべてリンクされている。これは，公的な機関のものであり，信頼できる情報だが，問い合わせなどは，直接学校との間で行うことになっている。

　②私立学校教員への紹介・斡旋・派遣を行う，民間の人材派遣企業に登録する。原則として費用はかからないが，細かな個人情報の提供などが求められたりもするので，条件を確認すること。採用予定の学校を集めての合同説

明会を開催することなども行われている。

　③大学への「求人票」も丹念にチェックするのは，一般の「就活」と同様である。多くはないが，新聞の求人広告に掲載する学校もある。さらに，教職課程の担当教員にも，「私立学校の教師を希望している」ことを伝えるなど，パーソナル情報も重視したい。

(2) 私立学校の教員への道を拓く

　①私立学校の採用は，個別的だが，公立の筆記試験に相当する内容の「私学教員適性検査」が実施されている。実施は，東京都・静岡県・愛知県・兵庫県・広島県・福岡県・長崎県と群馬県の私立中学高等学校協会・私学協会で，7都県は同一問題で同日に実施（例年8月の最終日曜日）され，群馬県は別途実施されている。これは，採用試験ではないが，「教職教養・専門教養」の学力を評価し，結果を私立学校に提供するものである。各学校でも，公立の採用試験と同様の選考を実施するところも多いが，「学校にとって将来を託す人材であるかどうか」を慎重に見極めることに時間をかけたいとの事情から，適性検査が導入されている。

　これだけで採用が決められるものではないが，私立学校と志望者とを結ぶ，重要なルートとなる。

　②各県の私立中学高等学校協会・私学協会の「履歴書依託制度」を利用する。「履歴書」と「なぜ，私立学校の教師をめざすのか」などの作文を提出すると，県内の私立学校に情報が提供されることになる。詳しくは，該当する私学協会などに，個々に連絡をとること。

　③いずれの方法によるにしても，「建学の精神」を十分に理解することが先決となる。ただし，「学校案内」やホームページの情報だけでは，学校の雰囲気や児童・生徒の様子を感じ取ることはむずかしい。運動会・体育祭や学園祭，学校公開などの機会を積極的に活用して，「学校を知る」努力を怠らないことである。

4　学校，教壇でのイメージを描いて

　学校教育の活性化，新しい伝統の創造は，経験豊かな教師たちもさることながら，若く理想に燃えた教師によって吹き込まれる風によるところが大きい。そうした意欲と使命感を抱いた「あなた」を，公私立を問わずに学校は待ち望んでいる。

　そのために，教職課程での学びを含めて，大学での学修に一層の力を注いでほしい。また，教室での学びに限定せず，学校ボランティア（学習支援，特別支援補助など）や学童保育のサポートなど，子どもの現実に接することも，教師への歩みの一歩として大事にし，実践的に学ぶことも忘れてはいけない。学校現場を見たのは教育実習時だけというのでは，意欲のほどを問われることになる。

　教師という仕事には光も影もある。そのことを今までの学びのなかで，十分に理解してきたはずである。夢物語では困るが，教師への夢を描き光を求めていくことを，心から願い期待している。

終 章
人間の喜び・悲しみに共感できる教師 ―教育の愛を求めて―

　ここまで13の章にわたって,「教師という職業とその特性」を学び,理解を深めてきた。しかし,大学等での学びは,その一部を垣間見た程度でしかないかもしれない。現実には,もっと複雑で困難な問題が待ち受け,メンタルヘルスに苦悩するかもしれない。そんなネガティブな話に,教師への夢が縮みかけた人もいるだろうか。しかし,そのような現実であるならば,「では,私が」の思いを一層強め,夢の実現に向かってほしいと願ってのことである。

　簡単ではないこと,苦労の多いことほど,やりがいがあり,達成したときの充足感が大きいのである。本書の締めくくりに,改めて「教師とは何か」を,見つめ返してみよう。教師への道という光を求めて,これまで以上に力強く踏み出してほしい。子どもたちは,「あなた」を待っている。

1　高度な専門職としての教師

　中教審答申が,「教員養成を修士レベル化し,高度専門職業人として位置付け」ることを提言したことは,すでに述べた(第4章参照)。ここで,「高度」と「専門職」という言葉を確認しておこう。

　「高度」を,「修士レベル」と短絡させ,高学歴と受け止めるのは正しくはない。高いレベルの学びを求めることは,もちろんまちがいではない。奨励すべきことでもある。しかし,「高度」は知的な側面に限定されるものではない。人間性・人間力にも当然及ぶものである。これを忘れてはならない。

　「専門職(profession)」は,日本では「専門家(specialist)」と混同されることが多いが,知識や技術の卓越性だけが「専門職」の要件ではない。専門職の語源は,ラテン語のプロフェス(profess)で,「神の託宣を受けた者」の意味であ

る。最初に牧師（聖職）がそう呼ばれ，大学教授（教師），医師，弁護士が呼ばれるようになる。現代に，神の託宣をそのまま当てはめることはできないが，教師が単なる知識の伝達者ではなく，子どもの「魂（こころ）」に働きかけ，「生命（いのち）」とかかわる使命をもつ仕事であることが明らかである。古くからの「聖職者」の意味も，この文脈で理解するべきである。

2　グローバルにみた日本の学校と教師

　国連機関であるOECD（経済開発協力機構）は，教育に関する国際規模の調査・研究を多く手がけている。3年に一度実施され，その順位に一喜一憂することもある「学習到達度調査（PISA）」も，過去に2回実施された「国際教員指導環境調査（TALIS）」もそうであるが，「図表でみる教育：OECDインディケータ」は，毎年公表される有用な情報源である。その個別内容は，すでに各章でふれられているが，"Education at Glance 2014：OECD Indicators"[1]から，いくつかのデータを紹介してみよう。

　日本では高等教育を修了した成人の割合が，2000～2012年の間に34％から47％に増加し，OECD加盟国中の2位となっている。しかも，2000年では25-34歳の女性の49％が高等教育修了だったのに対して，2012年には61％に達し，OECD平均の45％を大きく上回るとともに，同年齢の男性の割合（56％）よりも大きくなっている。しかし，そうした女性の就業率は69％にとどまり，男性の92％を下回り，OECD平均の80％にも遠く及ばない。

　日本の高等教育機関に在学する外国人学生は，アジア出身者が多いが3.3％であり，すべての受入国中8番目に大きなシェアを占めている。いっぽう，高等教育段階の日本人学生で外国の教育機関に在学しているのは，わずか1％でしかない（2011年時点）。留学する学生は多くない。

(1)　データは，OECDのホームページ（http://www.oecd.org/education/eag.htm）によった。邦訳は，OECD編著／徳永他訳（2014）『図表でみる教育　OECDインディケータ（2014年版）』明石書店

日本でも諸外国同様に，教職課程の要件なども含め，質の高い教員の確保に努めている。しかし，日本の教員志望者には，他国のように学校における教育実習の時間が与えられず，中学校志望者の場合の 20 日間は，データの存在する 22ヵ国のほぼ半数の国の 70〜120 日間の 3 分の 1 以下でしかない。

　国際比較では，調査年に数年のズレもあり，教育制度も同じではないので，単純な比較はできないが，光もあれば影もあることが，ここでもはっきりした。日本の教育が，問題だけをかかえているわけではないことは明らかである。女性の問題でいえば，潜在能力を活用すれば，飛躍的な向上がおおいに期待できるということである。期待は膨らむ。それを支えるのが教師でもある。

3　火中の栗を拾いに行こう

　「子どもと向き合う」「子どもに寄り添う」ことは，教師の日常そのものでもある。それは遠くからでも，間接的にでもなく，「直に」「面と向かって」でなければならない。これを，スマホや SNS に代替させることはできない。お節介だと言われても，面倒くさいと思っても，積極的に入っていこう。「家庭や地域との連携協力」（「教育基本法」第 13 条）も画餅にしてはいないだろうか。地域を自分の足で歩き，目で確かめずに，協力と叫んでも，効果は期待できない。半世紀も昔のことだが，『何でも見てやろう』（小田実，1961）や『書を捨てよ，町へ出よう』（寺山修司，1967）の精神は，前述の留学とも合わせて，覚醒するべきである。失敗を恐れていては何も始まらない。

4　教師は「四月の雨」でいい

　次の詩を読んでみよう。恋愛ではなく「教育愛」の詩としてである。

五月の花・四月の雨 [(2)]

だれよりも，あなたの輝く魅力を信じています。
だれよりも，あなたを咲かせてあげたいと願っています。
ボクは五月の春に
あなたを咲かせるための，四月の雨になりたい…
春の予感をひとしずくの雨音に歌い，
春の希望を注ぐ雨に，光を与えたい。
あなたの道標(みちしるべ)となる茎を大空へ向けて伸ばし，
あなたの心の支えになれるよう
あなたが立つ大地に，命の水を浸してあげたい。
五月にあなたが花開く時，
ボクはその姿を見ることができなくても，
いつも，ボクはあなたと共に生きていく。
道行く人を魅了する，あなたの夢の美しさ‥
青空に向かって強く伸びる，あなたの輝く姿‥
大地に根差すあなたの安らぎの心‥
そのどれをも夢見て‥
ボクはあなたへの想いを雨にして
永遠(とわ)に注いで捧げよう。

あなた‥だれよりも一番にわたしを信じてくれました。
あなた‥だれよりも一番に，
わたしの心に，その想いを雨にして注いでくれました。
あなたは今日も，わたしのそばにいてくれる。
この花びらが夢色に咲いたのを‥
この茎が，迷わずにまっすぐ伸びたのを‥
この根が大きな心になったのを‥
あなた，感じてくれてるかしら。
四月の雨のささやく声を，今でもわたし，おぼえています。
ねえ，聞いて‥
わたし，道行く人たちから，キレイって言われたの。
みんな，わたしを見つめて
春がやって来たって，喜んでくれたの。
あなたが心に描いていたのは，
わたしのこの姿かしら。

(2) いとうけんぞう（1998）『詩画集 五月の花・四月の雨』創美社発行・集英社発売，p.6

夢色に咲いたわたしが，
　　ひとに夢を与え，ひとを幸福(しあわせ)にしてあげるんだって‥
　　四月の雨は，
　　五月の花に，そんな明日(あした)を夢みていたのかしら…

　教育は，「四月の雨」のように，人間の可塑性，可能性を信じ，豊かで明るい未来を望みながら営まれるものである。しかし，人間は誰もが，深い悲しみを背負って生きている。人間は，その出生に際し，自らの意志を働かせることはできないし，死に臨んでもまったく無力である。有限の存在として，いつ訪れるかもわからない死に向かって全力で生きる。これは，学校の成績や経済力などに一切関係なく平等である。だから，人間は等しく尊厳に価する存在である。教師は，この視点から子どもを見つめたい。

　目の前の子どもときちんと向き合い，同じ地平から正確に見つめ，偉大なことをなどと欲張らず，些細なことでも丹念に，心をこめてかかわり・交わることが教育の愛を求めることである。これは，読者のみなさん誰にでも可能なことである。

〔資 料〕関 連 法 規

○教育基本法

(平成18年12月22日法律第120号)

教育基本法（昭和22年法律第25号）の全部を改正する。

　我々日本国民は，たゆまぬ努力によって築いてきた民主的で文化的な国家を更に発展させるとともに，世界の平和と人類の福祉の向上に貢献することを願うものである。

　我々は，この理想を実現するため，個人の尊厳を重んじ，真理と正義を希求し，公共の精神を尊び，豊かな人間性と創造性を備えた人間の育成を期するとともに，伝統を継承し，新しい文化の創造を目指す教育を推進する。

　ここに，我々は，日本国憲法の精神にのっとり，我が国の未来を切り拓く教育の基本を確立し，その振興を図るため，この法律を制定する。

第1章　教育の目的及び理念

（教育の目的）

第1条　教育は，人格の完成を目指し，平和で民主的な国家及び社会の形成者として必要な資質を備えた心身ともに健康な国民の育成を期して行われなければならない。

（教育の目標）

第2条　教育は，その目的を実現するため，学問の自由を尊重しつつ，次に掲げる目標を達成するよう行われるものとする。

　一　幅広い知識と教養を身に付け，真理を求める態度を養い，豊かな情操と道徳心を培うとともに，健やかな身体を養うこと。

　二　個人の価値を尊重して，その能力を伸ばし，創造性を培い，自主及び自律の精神を養うとともに，職業及び生活との関連を重視し，勤労を重んずる態度を養うこと。

　三　正義と責任，男女の平等，自他の敬愛と協力を重んずるとともに，公共の精神に基づき，主体的に社会の形成に参画し，その発展に寄与する態度を養うこと。

　四　生命を尊び，自然を大切にし，環境の保全に寄与する態度を養うこと。

　五　伝統と文化を尊重し，それらをはぐくんできた我が国と郷土を愛するとともに，他国を尊重し，国際社会の平和と発展に寄与する態度を養うこと。

（生涯学習の理念）

第3条　国民一人一人が，自己の人格を磨き，豊かな人生を送ることができるよう，その生涯にわたって，あらゆる機会に，あらゆる場所において学習することができ，その成果を適切に生かすことのできる社会の実現が図られなければならない。

（教育の機会均等）

第4条　すべて国民は，ひとしく，その能力に応じた教育を受ける機会を与えられなければならず，人種，信条，性別，社会的身分，経済的地位又は門地によって，教育上差別されない。

2　国及び地方公共団体は，障害のある者が，その障害の状態に応じ，十分な教育を受けられるよう，教育上必要な支援を講じなければならない。

3　国及び地方公共団体は，能力があるにもかかわらず，経済的理由によって修学が困難な者に対して，奨学の措置を講じなければならない。

第2章　教育の実施に関する基本

（義務教育）

第5条　国民は，その保護する子に，別に法律で定めるところにより，普通教育を受けさせる義務を負う。

2　義務教育として行われる普通教育は，各個人の有する能力を伸ばしつつ社会において自立的に生きる基礎を培い，また，国家及び社会の形成者として必要とされる基本的な資質を養うことを目的として行われるものとする。

3　国及び地方公共団体は，義務教育の機会を保障し，その水準を確保するため，適切な役割分担及び相互の協力の下，その実施に責任を負う。

4　国又は地方公共団体の設置する学校における義務教育については，授業料を徴収しない。

（学校教育）

第6条　法律に定める学校は，公の性質を有するものであって，国，地方公共団体及び法律に定める法人のみが，これを設置することができる。

2　前項の学校においては，教育の目標が達成されるよう，教育を受ける者の心身の発達に応じて，体系的な教育が組織的に行われなければならない。この場合において，教育を受ける者が，学校生活を営む上で必要な規律を重んずるとともに，自ら進んで学習に取り組む意欲を高めることを重視して行われなければならない。

（大学）

第7条　大学は，学術の中心として，高い教養と専門的能力を培うとともに，深く真理を探究して新たな知見を創造し，これらの成果を広く社会に提供することにより，社会の発展に寄与するものとする。

2　大学については，自主性，自律性その他の大学

における教育及び研究の特性が尊重されなければならない。
(私立学校)
第8条 私立学校の有する公の性質及び学校教育において果たす重要な役割にかんがみ、国及び地方公共団体は、その自主性を尊重しつつ、助成その他の適当な方法によって私立学校教育の振興に努めなければならない。
(教員)
第9条 法律に定める学校の教員は、自己の崇高な使命を深く自覚し、絶えず研究と修養に励み、その職責の遂行に努めなければならない。
2 前項の教員については、その使命と職責の重要性にかんがみ、その身分は尊重され、待遇の適正が期せられるとともに、養成と研修の充実が図られなければならない。
(家庭教育)
第10条 父母その他の保護者は、子の教育について第一義的責任を有するものであって、生活のために必要な習慣を身に付けさせるとともに、自立心を育成し、心身の調和のとれた発達を図るよう努めるものとする。
2 国及び地方公共団体は、家庭教育の自主性を尊重しつつ、保護者に対する学習の機会及び情報の提供その他の家庭教育を支援するために必要な施策を講ずるよう努めなければならない。
(幼児期の教育)
第11条 幼児期の教育は、生涯にわたる人格形成の基礎を培う重要なものであることにかんがみ、国及び地方公共団体は、幼児の健やかな成長に資する良好な環境の整備その他適当な方法によって、その振興に努めなければならない。
(社会教育)
第12条 個人の要望や社会の要請にこたえ、社会において行われる教育は、国及び地方公共団体によって奨励されなければならない。
2 国及び地方公共団体は、図書館、博物館、公民館その他の社会教育施設の設置、学校の施設の利用、学習の機会及び情報の提供その他の適当な方法によって社会教育の振興に努めなければならない。
(学校、家庭及び地域住民等の相互の連携協力)
第13条 学校、家庭及び地域住民その他の関係者は、教育におけるそれぞれの役割と責任を自覚するとともに、相互の連携及び協力に努めるものとする。
(政治教育)
第14条 良識ある公民として必要な政治的教養は、教育上尊重されなければならない。
2 法律に定める学校は、特定の政党を支持し、又はこれに反対するための政治教育その他政治的活動をしてはならない。

(宗教教育)
第15条 宗教に関する寛容の態度、宗教に関する一般的な教養及び宗教の社会生活における地位は、教育上尊重されなければならない。
2 国及び地方公共団体が設置する学校は、特定の宗教のための宗教教育その他宗教的活動をしてはならない。
第3章 教育行政
(教育行政)
第16条 教育は、不当な支配に服することなく、この法律及び他の法律の定めるところにより行われるべきものであり、教育行政は、国と地方公共団体との適切な役割分担及び相互の協力の下、公正かつ適正に行われなければならない。
2 国は、全国的な教育の機会均等と教育水準の維持向上を図るため、教育に関する施策を総合的に策定し、実施しなければならない。
3 地方公共団体は、その地域における教育の振興を図るため、その実情に応じた教育に関する施策を策定し、実施しなければならない。
4 国及び地方公共団体は、教育が円滑かつ継続的に実施されるよう、必要な財政上の措置を講じなければならない。
(教育振興基本計画)
第17条 政府は、教育の振興に関する施策の総合的かつ計画的な推進を図るため、教育の振興に関する施策についての基本的な方針及び講ずべき施策その他必要な事項について、基本的な計画を定め、これを国会に報告するとともに、公表しなければならない。
2 地方公共団体は、前項の計画を参酌し、その地域の実情に応じ、当該地方公共団体における教育の振興のための施策に関する基本的な計画を定めるよう努めなければならない。
第4章 法令の制定
第18条 この法律に規定する諸条項を実施するため、必要な法令が制定されなければならない。
附 則
(施行期日)
1 この法律は、公布の日から施行する。

○**学校教育法（抄）**

(昭和22年3月31日法律第26号
最終改正：平成27年6月26日法律第50号)

第1章 総則
(学校の範囲)
第1条 この法律で、学校とは、幼稚園、小学校、中学校、高等学校、中等教育学校、特別支援学校、大学及び高等専門学校とする。

(校長・教員)
第7条　学校には，校長及び相当数の教員を置かなければならない。
(校長・教員の欠格自由)
第9条　次の各号のいずれかに該当する者は，校長又は教員となることができない。
一　成年被後見人又は被保佐人
二　禁錮以上の刑に処せられた者
三　教育職員免許法第10条第1項第二号又は第三号に該当することにより免許状がその効力を失い，当該失効の日から3年を経過しない者
四　教育職員免許法第11条第1項から第3項までの規定により免許状取上げの処分を受け，3年を経過しない者
五　日本国憲法施行の日以後において，日本国憲法又はその下に成立した政府を暴力で破壊することを主張する政党その他の団体を結成し，又はこれに加入した者

(学生・生徒の懲戒)
第11条　校長及び教員は，教育上必要があると認めるときは，文部科学大臣の定めるところにより，児童，生徒及び学生に懲戒を加えることができる。ただし，体罰を加えることはできない。

第2章　義務教育
(義務教育)
第16条　保護者（子に対して親権を行う者（親権を行う者のないときは，未成年後見人）をいう。以下同じ。）は，次条に定めるところにより，子に九年の普通教育を受けさせる義務を負う。

第3章　幼稚園
(目的)
第22条　幼稚園は，義務教育及びその後の教育の基礎を培うものとして，幼児を保育し，幼児の健やかな成長のために適当な環境を与えて，その心身の発達を助長することを目的とする。

第4章　小学校
(目的)
第29条　小学校は，心身の発達に応じて，義務教育として行われる普通教育のうち基礎的なものを施すことを目的とする。

(校長・教頭・教諭・その他の職員)
第37条　小学校には，校長，教頭，教諭，養護教諭及び事務職員を置かなければならない。
2　小学校には，前項に規定するもののほか，副校長，主幹教諭，指導教諭，栄養教諭その他必要な職員を置くことができる。
3　第一項の規定にかかわらず，副校長を置くときその他特別の事情のあるときは教頭を，養護をつかさどる主幹教諭を置くときは養護教諭を，特別の事情のあるときは事務職員を，それぞれ置かないことができる。

4　校長は，校務をつかさどり，所属職員を監督する。
5　副校長は，校長を助け，命を受けて校務をつかさどる。
6　副校長は，校長に事故があるときはその職務を代理し，校長が欠けたときはその職務を行う。この場合において，副校長が2人以上あるときは，あらかじめ校長が定めた順序で，その職務を代理し，又は行う。
7　教頭は，校長（副校長を置く小学校にあつては，校長及び副校長）を助け，校務を整理し，及び必要に応じ児童の教育をつかさどる。
8　教頭は，校長（副校長を置く小学校にあつては，校長及び副校長）に事故があるときは校長の職務を代理し，校長（副校長を置く小学校にあつては，校長及び副校長）が欠けたときは校長の職務を行う。この場合において，教頭が2人以上あるときは，あらかじめ校長が定めた順序で，校長の職務を代理し，又は行う。
9　主幹教諭は，校長（副校長を置く小学校にあつては，校長及び副校長）及び教頭を助け，命を受けて校務の一部を整理し，並びに児童の教育をつかさどる。
10　指導教諭は，児童の教育をつかさどり，並びに教諭その他の職員に対して，教育指導の改善及び充実のために必要な指導及び助言を行う。
11　教諭は，児童の教育をつかさどる。
12　養護教諭は，児童の養護をつかさどる。
13　栄養教諭は，児童の栄養の指導及び管理をつかさどる。
14　事務職員は，事務に従事する。
15　助教諭は，教諭の職務を助ける。
16　講師は，教諭又は助教諭に準ずる職務に従事する。
17　養護助教諭は，養護教諭の職務を助ける。
18　特別の事情のあるときは，第一項の規定にかかわらず，教諭に代えて助教諭又は講師を，養護教諭に代えて養護助教諭を置くことができる。
19　学校の実情に照らし必要があると認めるときは，第9項の規定にかかわらず，校長（副校長を置く小学校にあつては，校長及び副校長）及び教頭を助け，命を受けて校務の一部を整理し，並びに児童の養護又は栄養の指導及び管理をつかさどる主幹教諭を置くことができる。

(目的)
第5章　中学校
第45条　中学校は，小学校における教育の基礎の上に，心身の発達に応じて，義務教育として行われる普通教育を施すことを目的とする。

第6章　高等学校
第50条　高等学校は，中学校における教育の基礎の上に，心身の発達及び進路に応じて，高度な普通教育及び専門教育を施すことを目的とする。

第7章　中等教育学校
(目的)
第63条　中等教育学校は，小学校における教育の基礎の上に，心身の発達及び進路に応じて，義務教育として行われる普通教育並びに高度な普通教育及び専門教育を一貫して施すことを目的とする。

第8章　特別支援教育
(目的)
第72条　特別支援学校は，視覚障害者，聴覚障害者，知的障害者，肢体不自由者又は病弱者（身体虚弱者を含む。以下同じ。）に対して，幼稚園，小学校，中学校又は高等学校に準ずる教育を施すとともに，障害による学習上又は生活上の困難を克服し自立を図るために必要な知識技能を授けることを目的とする。

○学校保健安全法（抄）
（昭和33年4月10日法律第56号）
最終改正：平成20年6月18日法律第73号）

第1章　総則
(目的)
第1条　この法律は，学校における児童生徒等及び職員の健康の保持増進を図るため，学校における保健管理に関し必要な事項を定めるとともに，学校における教育活動が安全な環境において実施され，児童生徒等の安全の確保が図られるよう，学校における安全管理に関し必要な事項を定め，もつて学校教育の円滑な実施とその成果の確保に資することを目的とする。

第4章　感染症の予防
(出席停止)
第19条　校長は，感染症にかかつており，かかつている疑いがあり，又はかかるおそれのある児童生徒等があるときは，政令で定めるところにより，出席を停止させることができる。

(臨時休業)
第20条　学校の設置者は，感染症の予防上必要があるときは，臨時に，学校の全部又は一部の休業を行うことができる。

○教育職員免許法（抄）
（昭和24年5月31日法律第147号）
最終改正：平成27年6月24日法律第46号）

第1章　総則

(定義)
第2条　この法律において「教育職員」とは，学校（学校教育法（昭和22年法律第26号）第1条に規定する幼稚園，小学校，中学校，高等学校，中等教育学校及び特別支援学校（第3項において「第一条学校」という。）並びに就学前の子どもに関する教育，保育等の総合的な提供の推進に関する法律（平成18年法律第77号）第2条第7項に規定する幼保連携型認定こども園（以下「幼保連携型認定こども園」という。）をいう。以下同じ。）の主幹教諭（幼保連携型認定こども園の主幹養護教諭及び主幹栄養教諭を含む。以下同じ。），指導教諭，教諭，助教諭，養護教諭，養護助教諭，栄養教諭，主幹保育教諭，指導保育教諭，保育教諭，助保育教諭及び講師（以下「教員」という。）をいう。

2　この法律で「免許管理者」とは，免許状を有する者が教育職員及び文部科学省令で定める教育の職にある者である場合にあつてはその者の勤務地の都道府県の教育委員会，これらの者以外の者である場合にあつてはその者の住所地の都道府県の教育委員会をいう。

3　この法律において「所轄庁」とは，大学附置の国立学校（国（国立大学法人法（平成15年法律第112号）第2条第1項に規定する国立大学法人を含む。以下この項において同じ。）が設置する学校をいう。以下同じ。）又は公立学校（地方公共団体が設置する学校をいう。以下同じ。）の教員にあつてはその大学の学長，大学附置の学校以外の公立学校（第一条学校に限る。）の教員にあつてはその学校を所管する教育委員会，大学附置の学校以外の公立学校（幼保連携型認定こども園に限る。）の教員にあつてはその学校を所管する地方公共団体の長，私立学校（国及び地方公共団体以外の者が設置する学校をいう。以下同じ。）の教員にあつては都道府県知事（地方自治法（昭和22年法律第67号）第252条の十九第1項の指定都市又は同法第252条の二十二第1項の中核市（以下この項において「指定都市等」という。）の区域内の幼保連携型認定こども園の教員にあつては，当該指定都市等の長）をいう。

4　この法律で「自立教科等」とは，理療（あん摩，マッサージ，指圧等に関する基礎的な知識技能の修得を目標とした教科をいう。），理学療法，理容その他の職業についての知識技能の修得に関する教科及び学習上又は生活上の困難を克服し自立を図るために必要な知識技能の修得を目的とする教育に係る活動（以下「自立活動」という。）をいう。

5　この法律で「特別支援教育領域」とは，学校教育法第72条に規定する視覚障害者，聴覚障害者，知的障害者，肢体不自由者又は病弱者（身体虚弱者を含む。）に関するいずれかの教育の領域をいう。

第3条（免許）　教育職員は，この法律により授与する各相当の免許状を有する者でなければならない。
2　前項の規定にかかわらず，主幹教諭（養護又は栄養の指導及び管理をつかさどる主幹教諭を除く。）及び指導教諭については各相当学校の教諭の免許状を有する者を，養護をつかさどる主幹教諭については養護教諭の免許状を有する者を，栄養の指導及び管理をつかさどる主幹教諭については栄養教諭の免許状を有する者を，講師については各相当学校の教員の相当免許状を有する者を，それぞれ充てるものとする。
3　特別支援学校の教員（養護又は栄養の指導及び管理をつかさどる主幹教諭，養護教諭，養護助教諭，栄養教諭並びに特別支援学校において自立教科等の教授を担任する教員を除く。）については，第一項の規定にかかわらず，特別支援学校の教員の免許状のほか，特別支援学校の各部に相当する学校の教員の免許状を有する者でなければならない。
4　中等教育学校の教員（養護又は栄養の指導及び管理をつかさどる主幹教諭，養護教諭，養護助教諭並びに栄養教諭を除く。）については，第1項の規定にかかわらず，中学校の教員の免許状及び高等学校の教員の免許状を有する者でなければならない。
第3条の二（免許状を要しない非常勤の講師）　次に掲げる事項の教授又は実習を担任する非常勤の講師については，前条の規定にかかわらず，各相当学校の教員の相当免許状を有しない者を充てることができる。
　一　小学校における次条第6項第一号に掲げる教科の領域の一部に係る事項
　二　中学校における次条第5項第一号に掲げる教科及び第16条の三第1項の文部科学省令で定める教科の領域の一部に係る事項
　三　高等学校における次条第5項第二号に掲げる教科及び第16条の三第1項の文部科学省令で定める教科の領域の一部に係る事項
　四　中等教育学校における前二号に掲げる事項
　五　特別支援学校（幼稚部を除く。）における第一号から第三号までに掲げる事項及び自立教科等の領域の一部に係る事項
　六　教科に関する事項で文部科学省令で定めるもの
2　前項の場合において，非常勤の講師に任命し，又は雇用しようとする者は，あらかじめ，文部科学省令で定めるところにより，その旨を第5条第7項で定める授与権者に届け出なければならない。

第2章　免許状

（種類）
第4条　免許状は，普通免許状，特別免許状及び臨時免許状とする。

2　普通免許状は，学校（中等教育学校及び幼保連携型認定こども園を除く。）の種類ごとの教諭の免許状，養護教諭の免許状及び栄養教諭の免許状とし，それぞれ専修免許状，一種免許状及び二種免許状（高等学校教諭の免許状にあつては，専修免許状及び一種免許状）に区分する。
3　特別免許状は，学校（幼稚園，中等教育学校及び幼保連携型認定こども園を除く。）の種類ごとの教諭の免許状とする。
4　臨時免許状は，学校（中等教育学校及び幼保連携型認定こども園を除く。）の種類ごとの助教諭の免許状及び養護助教諭の免許状とする。
5　中学校及び高等学校の教員の普通免許状及び臨時免許状は，次に掲げる各教科について授与するものとする。
　一　中学校の教員にあつては，国語，社会，数学，理科，音楽，美術，保健体育，保健，技術，家庭，職業（職業指導及び職業実習（農業，工業，商業，水産及び商船のうちいずれか一以上の実習とする。以下同じ。）を含む。），職業指導，職業実習，外国語（英語，ドイツ語，フランス語その他の外国語に分ける。）及び宗教
　二　高等学校の教員にあつては，国語，地理歴史，公民，数学，理科，音楽，美術，工芸，書道，保健体育，保健，看護，看護実習，家庭，家庭実習，情報，情報実習，農業，農業実習，工業，工業実習，商業，商業実習，水産，水産実習，福祉，福祉実習，商船，商船実習，職業指導，外国語（英語，ドイツ語，フランス語その他の外国語に分ける。）及び宗教
6　小学校教諭，中学校教諭及び高等学校教諭の特別免許状は，次に掲げる教科又は事項について授与するものとする。
　一　小学校教諭にあつては，国語，社会，算数，理科，生活，音楽，図画工作，家庭及び体育
　二　中学校教諭にあつては，前項第一号に掲げる各教科及び第16条の三第1項の文部科学省令で定める教科
　三　高等学校教諭にあつては，前項第二号に掲げる各教科及びこれらの教科の領域の一部に係る事項で第16条の四第1項の文部科学省令で定めるもの並びに第16条の三第1項の文部科学省令で定める教科

第4条の二　特別支援学校の教員の普通免許状及び臨時免許状は，一又は二以上の特別支援教育領域について授与するものとする。
2　特別支援学校において専ら自立教科等の教授を担任する教員の普通免許状及び臨時免許状は，前条第2項の規定にかかわらず，文部科学省令で定めるところにより，障害の種類に応じて文部科学省令で

定める自立教科等について授与するものとする。
3　特別支援学校教諭の特別免許状は，前項の文部科学省令で定める自立教科等について授与するものとする。
(効力)
第9条　普通免許状は，その授与の日の翌日から起算して10年を経過する日の属する年度の末日まで，すべての都道府県(中学校及び高等学校の教員の宗教の教科についての免許状にあつては，国立学校又は公立学校の場合を除く。次項及び第3項において同じ。)において効力を有する。
2　特別免許状は，その授与の日の翌日から起算して10年を経過する日の属する年度の末日まで，その免許状を授与した授与権者の置かれる都道府県においてのみ効力を有する。
3　臨時免許状は，その免許状を授与したときから3年間，その免許状を授与した授与権者の置かれる都道府県においてのみ効力を有する。
4　第1項の規定にかかわらず，その免許状に係る別表第一から別表第八までに規定する所要資格を得た日，第16条の二第1項に規定する教員資格認定試験に合格した日又は第16条の三第2項若しくは第17条第1項に規定する文部科学省令で定める資格を有することとなつた日の属する年度の翌年度の初日以後，同日から起算して10年を経過する日までの間に授与された普通免許状(免許状更新講習の課程を修了した後文部科学省令で定める2年以上の期間内に授与されたものを除く。)の有効期間は，当該10年を経過する日までとする。
5　普通免許状又は特別免許状を二以上有する者の当該二以上の免許状の有効期間は，第1項，第2項及び前項並びに次条第4項及び第5項の規定にかかわらず，それぞれの免許状に係るこれらの規定による有効期間の満了の日のうち最も遅い日までとする。

○教育公務員特例法 (抄)

(昭和24年1月12日法律第1号)
最終改正：平成27年6月24日法律第46号)

第1章　総則
(定義)
第2条　この法律において「教育公務員」とは，地方公務員のうち，学校(学校教育法(昭和22年法律第26号)第1条に規定する学校及び就学前の子どもに関する教育，保育等の総合的な提供の推進に関する法律(平成18年法律第77号)第2条第7項に規定する幼保連携型認定こども園(以下「幼保連携型認定こども園」という。)をいう。以下同じ。)であつて地方公共団体が設置するもの(以下「公立学校」という。)の学長，校長(園長を含む。以下

同じ。)，教員及び部局長並びに教育委員会の専門的教育職員をいう。
2　この法律において「教員」とは，公立学校の教授，准教授，助教，副学長(副園長を含む。以下同じ。)，教頭，主幹教諭(幼保連携型認定こども園の主幹養護教諭及び主幹栄養教諭を含む。以下同じ。)，指導教諭，教諭，助教諭，養護教諭，養護助教諭，栄養教諭，主幹保育教諭，指導保育教諭，保育教諭，助保育教諭及び講師(常時勤務の者及び地方公務員法(昭和25年法律第261号)第28条の五第1項に規定する短時間勤務の職を占める者に限る。第23条第2項を除き，以下同じ。)をいう。
3　この法律で「部局長」とは，大学(公立学校であるものに限る。第26条第1項を除き，以下同じ。)の副学長，学部長その他政令で指定する部局の長をいう。
4　この法律で「評議会」とは，大学に置かれる会議であつて当該大学を設置する地方公共団体の定めるところにより学長，学部長その他の者で構成するものをいう。
5　この法律で「専門的教育職員」とは，指導主事及び社会教育主事をいう。

第4章　研修
(研修)
第21条　教育公務員は，その職責を遂行するために，絶えず研究と修養に努めなければならない。
2　教育公務員の任命権者は，教育公務員の研修について，それに要する施設，研修を奨励するための方途その他研修に関する計画を樹立し，その実施に努めなければならない。

(初任者研修)
第23条　公立の小学校等の教諭等の任命権者は，当該教諭等(政令で指定する者を除く。)に対して，その採用の日から1年間の教諭又は保育教諭の職務の遂行に必要な事項に関する実践的な研修(以下「初任者研修」という。)を実施しなければならない。
2　任命権者は，初任者研修を受ける者(次項において「初任者」という。)の所属する学校の副校長，教頭，主幹教諭(養護又は栄養の指導及び管理をつかさどる主幹教諭を除く。)，指導教諭，教諭，主幹保育教諭，指導保育教諭，保育教諭又は講師のうちから，指導教員を命じるものとする。
3　指導教員は，初任者に対して教諭又は保育教諭の職務の遂行に必要な事項について指導及び助言を行うものとする。

(10年経験者研修)
第24条　公立の小学校等の教諭等の任命権者は，当該教諭等に対して，その在職期間(公立学校以外の小学校等の教諭等としての在職期間を含む。)が10年(特別の事情がある場合には，10年を標準と

して任命権者が定める年数）に達した後相当の期間内に，個々の能力，適性等に応じて，教諭等としての資質の向上を図るために必要な事項に関する研修（以下「10年経験者研修」という。）を実施しなければならない。
2　任命権者は，10年経験者研修を実施するに当たり，10年経験者研修を受ける者の能力，適性等について評価を行い，その結果に基づき，当該者ごとに10年経験者研修に関する計画書を作成しなければならない。
3　第1項に規定する在職期間の計算方法，10年経験者研修を実施する期間その他10年経験者研修の実施に関し必要な事項は，政令で定める。

○地方教育行政の組織及び運営に関する法律（抄）
（昭和31年6月30日法律第162号）
最終改正：平成27年7月15日法律第56号）
第2章　教育委員会の設置及び組織
第1節　教育委員会の設置，教育長及び委員並びに会議
（組織）
第3条　教育委員会は，教育長及び4人の委員をもつて組織する。ただし，条例で定めるところにより，都道府県若しくは市又は地方公共団体の組合のうち都道府県若しくは市が加入するものの教育委員会にあつては教育長及び5人以上の委員，町村又は地方公共団体の組合のうち町村のみが加入するものの教育委員会にあつては教育長及び2人以上の委員をもつて組織することができる。
第4章　教育機関
第1節　通則
（教育機関の設置）
第30条　地方公共団体は，法律で定めるところにより，学校，図書館，博物館，公民館その他の教育機関を設置するほか，条例で，教育に関する専門的，技術的事項の研究又は教育関係職員の研修，保健若しくは福利厚生に関する施設その他の必要な教育機関を設置することができる。
（教育機関の職員の任命）
第34条　教育委員会の所管に属する学校その他の教育機関の校長，園長，教員，事務職員，技術職員その他の職員は，この法律に特別の定がある場合を除き，教育委員会が任命する。

索　引

あ行

IET（国際教育到達度評価学会）　72
IQ（知能指数）　133
ICT　2, 53, 74, 110, 112
アイデンティティ　86
アヴェロンの野生児　7
アクティビティ（活動）　82, 86-88
アクティブ・ラーニング　74, 78
アスペルガー症候群　23
遊び　62, 63
アマラ・カマラ　8
雨ニモマケズ　120
EQ（心の指数）　133
いじめ　7, 17, 20, 22, 26, 48, 61, 101, 107, 109, 110, 112
一般教養　131, 132
一般財団法人日本私学教育研究所　134
居場所　11, 48, 96
いま―ここ　62, 81
牛山栄世　96, 97
SNS　47, 139
江戸しぐさ　24, 25, 27
園　58, 59, 66
OECD　4, 5, 6, 23, 72, 138
大平光代　103
大村はま　114
岡本薫　27
小口忠彦　32
怒る　25, 26, 50
教える　7, 115
恩師　10, 11, 17

か行

介護等の体験　39, 51
開放制教員養成　36
カウンセラー　132
カウンセリングマインド　31, 32, 50
学級崩壊　20
核家族化　21
学習指導　11, 49, 74, 88, 106
学習指導案作成　131
学習指導要領　53, 69, 70, 73, 81, 95, 132
学習障害（LD）　23, 51
学制　34
学力問題（学力論争）　72
可塑性　141
学級　i, 28, 46-48, 74
学級経営　29, 46, 48, 49, 52, 106, 107, 112
学級経営案　46, 48, 55
学級担任　20, 51, 53, 55
学級通信　30, 53, 55
学級崩壊　93, 95
学校教育法　57, 143
学校文化　71
家庭環境調査票　29, 30
家庭教育力　20
カリキュラム　68-72, 74, 76, 93, 95, 100
苅谷剛彦　115
環境　60-63
感性　2, 4, 6, 20, 25-27, 49, 123
基本的生活習慣　24
虐待　23, 47
キュブラー・ロス　87
教育愛　113, 126, 127, 139
教育課程　68, 69, 92
教育観　35, 134
教育基本法　59, 139, 142
教育公務員特例法　147
教育実習　38, 41, 42, 92, 129, 136
教育職員免許法　1, 34, 145
教育勅語　34
教育は人なり　104
教員採用候補者選考　130
教員免許状　34-36, 38
教員養成　35, 37, 42, 44, 110, 112
教科指導　112
共感的理解　50
教材開発　31, 116
教材研究　86, 87, 95, 100, 116, 126
教師観　96, 121, 126
教師像　14, 35, 95, 98, 101, 113, 126
教師文化　71, 95, 96
教職課程　1, 10, 12, 15, 34, 37, 38, 42, 91, 92, 129, 130, 136, 139
教職教養　131, 132
教職実践演習　41, 42
教職大学院　42, 112
教職の意義等に関する科目　1, 10, 41
競争原理　96
協働　44, 71, 102, 110
教養審答申　104, 110
Kindergarten　58
グスコーブドリの伝記　121
グループワーク　28, 74, 87
グローバル化　78, 110, 111
黒川昭登　3
ケアリング　101, 102
建学の精神　134, 135
研究　30, 31
厚生労働省　22
肯定的受容　50
高度専門職業人　112, 137
公立学校　130
ゴール設定　84, 85
五月の花・四月の雨　140
國分康孝　31
個人面接　131
個性　4, 6
コミュニケーション能力　24

さ行

採用試験　129-133, 135
佐藤学　ii, 94, 95
山月記　79-82, 84-88
3年B組金八先生　15
私学教員適性検査　135
叱る　15, 25, 26, 50
自己教育力　60
自己研修　114, 126

自己肯定感　60
自己実現　ⅱ, 9, 33
自己理解　31
実践的指導力　ⅱ, 32, 42, 105, 106, 109, 111, 112
児童虐待　52
児童福祉法　57
師範学校　34-37
自閉症　23, 51
使命感　105, 109, 111, 136
社会的価値　4
ジャクソン，P. W.　73
集団討論　131
集団面接　18, 131
修養　30, 31
授業づくり　ⅰ, ⅱ, 29, 81, 82, 90
授業デザイン　79, 81, 82
授業評価　71
授業臨床　32
循環型社会　24
小学校及び中学校の教諭の普通免許状授与に係る教員職員免許法の特例等に関する法律　39
小論文（論作文）　131, 133
書を捨てよ，町へ出よう　139
私立学校　52, 134
人格形成　31, 59, 104
人格性（人間性）　113, 114, 118, 120, 121, 126, 127
スクールカウンセラー　42, 101
スクールソーシャルワーカー　42
スマホ　47, 139
性格検査　131
成果主義　96
生活科　65, 66
聖職者　138
精神疾患　93, 94, 101
生徒指導　11, 21, 49, 95, 95, 106, 107, 109, 112
潜在的価値　9
センス・オブ・ワンダー　20, 26, 49
専門家　ⅱ, 44, 94, 95, 137
専門教養　131, 132
専門職　36, 44, 92, 94, 111,

137
総合演習　41, 42
ソシオメトリックテスト　29
啐啄同時　127

た行

体験学習　74
対話　85, 89
他者理解　31
男女共同参画社会　57
担任　15, 46, 47, 53
地域で子どもを育てる　30
地方教育行政の組織及び運営に関する法律　148
チーム学校　42
注意欠陥多動性障害（ADHD）　23, 51
中教審答申　104, 110, 137
注文の多い料理店　119, 120
通級指導　51
壺井栄　15
ディスカッション　87
ディベート　74, 87
寺子屋　44
道徳の時間　74, 75
同僚性　95
特別非常勤講師制度　41
特別免許状制度　41
ドラマワーク　79, 87

な行

ナショナルカリキュラム　70
何でも見てやろう　139
西岡常一　ⅰ
二十四の瞳　15
人間愛　4, 113, 120, 123, 126, 127
人間関係調整能力　24
人間形成　113, 118
人間性（パーソナリティ）　4, 7, 108, 137
人間力　ⅱ, 25, 112, 137
ネグレクト　47
ネットいじめ　22
ねむの木学園　122, 124, 125
ねむの木の詩　122
野口芳宏　31
伸びたい　115, 116

は行

バーンアウト　94
発見学習　74
発達障害　51

母親　4, 8, 16, 57
場面指導　131, 133
PDCA　49, 55, 70, 71, 72
光と影　2, 35
非正規教員　92
ヒト・モノ・コト　81, 82
ヒドゥン・カリキュラム　73
フィードバック　71, 88, 127
不登校　20, 21, 48, 95, 101, 107, 109, 110, 112
フレーベル，F　58
プロジェクション　102
ペスタロッチ賞（現ペスタロッチー教育賞）　114, 123
保育　57-60
保育教諭　58
保育士　32
保育所　59-61, 63-65
保育所　20, 57, 58
暴力行為　21, 22, 110, 112
保護者　10, 17, 30, 32, 52, 53, 57, 95, 109, 132
ホット・シーティング　79, 89
ボランティア精神　107
ホリスティック教育　7
ポルトマン，A.　59

ま行

マズロー　8
学び続ける教員像　110, 111, 112
学びの冒険　84, 90
マネジメント力　111
宮城まり子　122
宮崎駿　26
宮澤賢治　119
宮本延春　103
宮本武蔵　117, 118
室田明美　96
免許状　36, 39, 41, 42
免許状更新制度　42
面接　133
メンタルヘルス　91, 96, 100-102, 137
燃え尽き症候群（バーンアウト）　94
模擬授業　131, 133
モンスターペアレント　17
問題解決学習　74
モンテッソーリ　124

文部科学省　12, 20, 21, 74,
　93, 101

や行

幼児教育　59
幼稚園　57-59, 64-66
幼稚園教育要領　61
幼保連携型認定こども園
　57, 58
養老孟司　26
吉川英治　117

ら行

LINE　22
リソース　82, 85, 87, 88
リフレクション　89, 90, 101,
　102
領域　65, 66
履歴書依託制度　135
臨床心理士　132
レイチェル・カーソン　20,
　49
レッジョ・エミリア　98
労働基準法　12
ロールプレイ　87
ロバート・M・ガニエ　88

わ行

ワークライフ・バランス　57
わかる授業　31
我以外皆我師也　117-119,
　126

[編者紹介]

佐島　群巳（さじま　ともみ）

1929年，岩手県に生まれる。1953年東京学芸大学社会科卒業。公立小学校，東京学芸大学附属小学校等で教師を務め，東京学芸大学教授，日本女子大学人間社会学部教授，帝京短期大学教授，東京学芸大学名誉教授，帝京短期大学名誉教授，現在は星槎大学非常勤講師。日本社会科教育学会顧問，日本教師教育学会会員，日本教材学会常任理事，日本生態系協会顧問，文部省「環境教育指導資料」（中学校・高等学校編）（小学校編）作成協力者

〔主著書〕：『社会科授業づくりの基礎基本』（明治図書出版）1983年，『感性と認識を育てる環境教育』（教育出版）1995年，『放送を生かした総合的学習「環境」と「生命」を学ぶ』〔編〕（日本放送教育協会）1999年，『環境教育の基礎・基本』（国土社）2002年，『宮沢賢治の環境世界』（国土社）2014年，ほか

小池　俊夫（こいけ　としお）

1949年，東京都に生まれる。1972年東京学芸大学教育学部卒業。聖心女子学院初・中・高等科教諭，四国学院大学文学部助教授，（財）日本私学教育研究所研究部長，昭和女子大学総合教育センター教授（教職課程主任）を経て，現在は成蹊大学文学部非常勤講師。教育学・教師教育・私学教育論。日本教材学会，日本社会科教育学会，日本教師教育学会等の会員。

〔主著書〕：『「生活科」を創る』〔共著〕（学芸図書）1989年，『モテる子モテない子』（評論社）1994年，『子どもの犯罪と刑罰』（明治図書）1998年，『教育実習ハンドブック［増補版］』〔共著〕（学文社）2012年，ほか

新訂版　教職論
——子どもと教育を愛する教師をめざす——

2016年2月10日　第1版第1刷発行

編著者　佐島　群巳
　　　　小池　俊夫

発行者　田中　千津子

〒153-0064　東京都目黒区下目黒3-6-1
電話　03（3715）1501㈹
FAX　03（3715）2012
https://www.gakubunsha.com

発行所　株式会社　学文社

Ⓒ T. Sajima / T. Koike 2016
乱丁・落丁の場合は本社でお取替します。
定価は売上カード，カバーに表示。

印刷所　シナノ印刷株式会社

ISBN978-4-7620-2584-6